19단 구구와 분수
완전정복

19단 구구와 분수
완전정복

ⓒ 이찬희 2015

초판 1쇄 발행 2015년 7월 15일

지은이	이찬희
펴낸이	김순집
편집	맹인호, 박정진
펴낸곳	주산수리샘
출판등록	321-2008-00033호
주소	서초구 강남대로 47길 25, 2층(서초동, 서초빌딩)
전화	02-***-5731
팩스	02-58*-**36
이메일	ebssuris***@anmail.net
홈페이지	www.surise**
블로그	http://blog.daum.net/jusanamsan33/
	이찬희 샘의 셈이야기

ISBN 979-11-85995-49-6 (73410)

- 가격은 뒷표지에 있습니다.
- 이 책은 저작권법에 의하여 보호를 받는 저작물이므로 무단 전재와 복제를 금합니다.
- 파본은 구입하신 서점에서 교환해 드립니다.

「이 도서의 국립중앙도서관 출판예정도서목록(CIP)은 서지정보유통지원시스템 홈페이지(http://seoji.nl.go.kr)와 국가자료공동목록시스템(http://www.nl.go.kr/kolisnet)에서 이용하실 수 있습니다.(CIP제어번호: CIP2015009848)」

19단 구구와 분수
완전정복

이찬희 지음

주산 수리셈

차례

- 머리말
- 추천의 말

Chapter 1 왜? 19단 구구가 필요할까? … 10

Chapter 2 19단 구구 외우지 말자, 5분이면 이해하니까! … 14
　　　　*19단 구구, 5분이면 이해한다!

Chapter 3 최초 공개! 올림, 내림하는 수를 적지 않는 셈법! … 17
　　　　*간편셈
　　　　*올림을 한 수를 왼손가락으로 기억하기

Chapter 4 세상에서 가장 쉬운 19단 구구를 연습해 보자! … 22
　　　　*19단 구구의 원리를 알아보자!
　　　　*19단 구구 연습 문제

Chapter 5 우등생만 보는 비밀secret, 약분과 19단 구구 … 40
　　　　*분수가 너희들의 발목을 잡을 때!
　　　　*소수(솟수 素數 prime number)란?
　　　　*에라토스테네스의 체
　　　　*약분 이렇게 하면 쉽다!

Chapter 6 천문학적 분수도 척척, 약분과 통분을 한다! … 61
　　　　*유클리드의 호제법(互除法)
　　　　*[호형호제법?] – (유클리드 호제법의 초딩 버전)

Chapter 7 약분과 통분 끝장내기, Challenge도전 과제! … 76
　　　　* '오이와 상치'를 먼저 먹을까? '호형호제'를 먼저 할까?
　　　　* 풀이와 정답
　　　　* 샘의 마지막 당부
　　　　* 토막 상식

머리말

　　초등학교 시절 전국주산암산경기 대회에서 개인종합 2등을 하였다. 학교에서는 난리가 났고, 교장샘께서는 교정에 전교생을 모아 놓고, 따로 시상식을 거행하며 내게 전국대회에서 입상을 하여 학교의 명예를 빛내 주었다고 축하해 주셨다.

　　기분이 무척 좋았다! ^^

　　다음날 수업이 끝나고 난 후에, 담임샘께서 교장실에 잠깐 들렀다가 가자며 교장실로 데려갔다. 교장샘께서는 다시 한 번 축하한다는 말씀을 하시며, 당신 앞에서 직접 연산 문제들을 풀어 보라고 하셨고, 나는 자신 있게 문제들을 풀어 나갔다. 이미 주산암산 7단에 합격했던 나는 모든 문제들을 보자마자 척척 답을 불렀고, 교장샘은 그때마다 감탄사를 연발하셨다.

　　가슴이 벅차올랐다!

　　그때 교장샘께서 분수도 이렇게 잘할 수 있느냐며, 분수 문제를 내어 주셨다. 숫자가 조금 어려웠을 뿐인데 암산이 안 되었다. 할 수 없이 필산으로 했다.

그러면서 나는 느낄 수 있었다. 교장샘과 주변에 계시던 다른 샘들이 실망하는 기색을……

기분 꽝이었다! ㅠㅜ

그 사건은 어린 나에게 **trauma**(트라우마: 심적 외상, 정신 충격)이면서 동시에 새로운 도전 목표를 갖게 만들었다. 그로부터 50년 정도가 흐른 오늘, 이 책의 원고를 마무리하며 나직이 혼잣소리를 해 본다.

"나는 나와의 약속을 지켰어……"라고……

그리고 친구들에게 이 한 마디를 꼭 전하고 싶다!

"친구들이 이 책을 읽고 나면, 샘이 어린 시절 그때 겪은 것처럼, 분수가 너희를 창피하게 만드는 일은 더 이상 없을 거란다! 어떠한 분수라도 말이지!!"

지은이 이찬희

*샘에게 용기를 주었던 양광모 시인의 시를 인용하니, 친구들도 끝까지 도전을 멈추지 않기를 바래~~! 양광모 시인께 감사를 드립니다.

멈추지 마라

양광모

비가 와도
가야 할 곳이 있는
새는 하늘을 날고

눈이 쌓여도
가야 할 곳이 있는
사슴은 산을 오른다

길이 멀어도
가야 할 곳이 있는
달팽이는 걸음을 멈추지 않고

길이 막혀도
가야 할 곳이 있는
연어는 물결을 거슬러 오른다

인생이란 작은 배
그대, 가야 할 곳이 있다면
태풍 불어도 거친 바다로 나아가라!

추천의 말

어린 시절의 트라우마를 오히려 새로운 목표를 세우는 발판으로 삼은 결과가 바로 이 책이라니, 인간의 의지가 갖는 힘을 새삼 느끼게 되는군요.

사실 일선의 샘들은 물론 학부모님들까지 의견이 갈려서, 찬반양론이 분분한 **19단 구구**에 대하여 명쾌한 필요성과 함께, 그 한계까지 정확히 지적하여 주셔서 좋았고……

나아가 분수의 약분과 통분에 대한 깊은 통찰을 초등학생들을 위하여 '오이와 상치', '호형호제' 등등으로 재미있게 풀어 쓰신 노고에 감사를 드립니다.

어린이와 부모님들은 물론, 일선의 샘들도 꼭 한 번 읽어 보아야 할 책이라고 생각을 합니다.

이정희 _ 주산암산 공인 11단. 'SBS 스타킹'의 암산왕!

19단 구구와 분수
완전정복

Chapter 1 **왜? 19단 구구가 필요할까?**

Chapter 2 **19단 구구 외우지 말자, 5분이면 이해하니까!**

Chapter 3 **최초 공개! 올림, 내림하는 수를 적지 않는 셈법!**

Chapter 4 **세상에서 가장 쉬운 19단 구구를 연습해 보자!**

Chapter 5 **우등생만 보는 secret(비밀), 약분과 19단 구구**

Chapter 6 **천문학적 분수도 척척, 약분과 통분을 한다!**

Chapter 7 **약분과 통분 끝장내기, Challenge(도전) 과제!**

Chapter 1

왜?
19단 구구가 필요할까?

친구가 [19단 구구]를 모두 외운다고?

그래서 그 친구는 똑똑할 것이라고 생각을 하니?

샘이 우리 주변에서 흔히 볼 수 있는 이야기를 하나 해 줄 테니, 잘 들어봐~!

어머니께서는 당신의 아이가 [19단 구구]를 외운다고, 만나는 이들마다 자랑이 한창이시다. 아이를 통해 맛보는 대리 만족감이 얼마 만인지 모르겠다. 어머니의 가슴이 뿌듯해진다. 돌이켜 보면 얼마나 힘든 나날이었던가? 싫다는 아이를 어르고 달래 가며 달달 볶은 지가……
그런데, 마침내 똑똑한(?) 우리 아이가 [19단 구구]를 모두 외운 것이다! 이렇게 경축할 만한 일이 따로 없다. 옛날 같았으면 책거리라도 해야 할 판인데, 그럴 수 없는 것이 못내 아쉽다……

어때? 가끔 친구가 [19단 구구]를 모두 외운다고 자랑을 하면 왠지 모르게 부러움과 시샘을 함께 느낀 적이 있지 않았니?

그렇다면 지금부터 샘의 이야기를 듣고 조금은 안심을 해도 좋아.

왜냐하면 샘의 솔직한 생각은, [19단 구구]를 모두 외우는 그 아이가 똑똑한 아이인지는 잘 모르겠고…… 분명히 효자 아니면 효녀일 것이라는 생각은 들어. 아이들 입장에서 한 번 생각을 해 봐! 매일 하기 싫은 것을 억지로 달달 외우고 또 외운다는 것이 얼마나 끔찍한 나날이었겠니? 그럼에도 불구하고 어머니의 말씀을 묵묵히 따라 주어 마침내 [19단 구구]를 모두 외워 냈다면, 그 아이는 당연히 요즘 보기 드문 효자, 효녀임이 분명하지 않겠니?

그런데, 샘의 또 다른 저서인 『왜, 아이들은 똑같은 계산 실수를 반복할까?』라는 책을 읽어 보았다면, 그렇게 무조건 반복해서 외우는 방법이, 바로 아이의 해마가 '잘못된 정보를 입력'하게 만드는 지름길이 될 수도 있음을 잘 알 수 있지.

실제로 많은 양을 억지로 암기하다 보면 잘못 외우게 되는 것이 1~2개 정도는 꼭 생기게 마련이거든.

그래서 아이는 '고생은 고생대로 실컷 하고' 이전보다 더 많이 '똑같은 계산 실수를 반복'하게 될 것이 불을 보듯 뻔하다니까!

'**생각 없는 열심**'이라는 것이 얼마나 아이들을 괴롭히는지, 그리고 좋은 효과는 커녕 부작용이 생길 수도 있다는 사실을 잘 몰라서…… 억지로 외우라고 시키는 것이야. '**생각 없이 열심히!**'만 외운다고 해서 모든 공부가 잘될 수 있다면 누구나 우등생이 되겠지……

[19단 구구], 그거!

잘못 외운다면 약보다는 독이 되기 십상인 것이야.

그런데도 어른들은, 때로는 학교나 학원의 샘들까지도 **생각 없이** [19단 구구]를 외우면 참 좋다는 이야기들을 하시니까, 자기 자식에게 좋다는 것은 다~ 해 주고 싶은 친구들의 맘mom은, 행여라도 내 자식이 친구들에게 처질세라, 오늘도 친구들을 달달 볶고 계실지도 모르지……

신기한 것은 다른 한편에서는 [**19단 구구**]는 절대로 필요가 없다고 **주장**하는 사람들도 엄청나게 많다는 사실이야.

한 마디로 어른들이 두 가지 의견으로 갈라져서 서로 자기의 방법이 옳다고 싸우고 있는 꼴이지.

[19단 구구], [19단 구구] 하는데 [19단 구구]가 도대체 어디에 좋다는 것인지, 의문점이 있으면 못 참는 샘이 또 연구를 했어.

결론부터 얘기할게.

[19단 구구]? 뭐…… 그까짓 거, 뭐…… 그냥 이해하고 말자! 친구들이 만일 5학년이라면 5분 정도면 충분히 이해할 수 있으니까!

그리고 이 책에서 샘이 설명해 주는 대로, 한 시간 정도 연습을 더 한다면 '19단 구구 박사'도 될 수 있을 거야.

샘이 이쯤 말하니까 벌써 속으로 "그러니까 뭐야? 샘의 말씀은 '[19단 구구]가 필요하기는 필요하다'는 말이네?"라는 생각을 했다면, 친구는 정말로 [19단 구구]를 외울 필요가 없어. 그런 정도의 상상력이 있는데 뭐 하려고 힘들게 외우니? 안 그래?

[19단 구구]를 외우면 어떤 면에서 좋은지를 샘이 인터넷에서 검색을 해 봤어, 그랬더니 세상에……

- 수의 개념이 확장되어 창의적 사고력에 도움이 된다.
- 계산력이 매우 빨라지며 확장적 사고를 가능하게 한다.
- 큰 수의 성질과 구조를 이해하는 데 도움이 된다.
- 소인수분해, 제곱근, 분배법칙, 인수분해 등 중고교 수학 학습의 기초가 된다.
- 수학의 기본을 다져 주며 확실한 자신감이 생긴다.

글쎄? 이쯤 되면 뻥이 세도 너무 세다는 생각이 드는데, 친구들의 생각은 어떠니?

어쩐지 믿음이 가지 않아서, 샘이 더 연구를 해 보았는데, 확실히 좋은 면이 있기는 있더라고……

특히 어려운 분수의 약분과 통분을 하기 위해서와 최대공약수와 최소공배수를 구하는 과정에서 말이지. 물론 비와 연비 등에서도 마찬가지이고……

그런데, 아무리 어려운 분수의 약분과 통분에서도 '[19단 구구]가 모두 필요한 것은 아니다'라는 것도 알게 되었지. 꼭 필요한 것은 [19단 구구] 중에서 11, 13, 17, 19가 섞인 계산뿐이야!

11, 13, 17, 19…… 이러한 수를 소수(솟수)라고 하는데, 소수에 대해서는 뒤에서 자세히 설명해 줄게. 지금은 어려운 분수의 약분과 통분 등에서 [19단 구구]를 알면 무척 도움이 되지만 외울 필요까지는 없다. 요 정도만 알고, 다음 장에서 샘과 함께 [19단 구구]의 원리를 이해하여 보도록 해~

Chapter 2

19단 구구
외우지 말자,
5분이면 이해하니까!

*19단 구구, 5분이면 이해한다!

중학교 1학년 수학 시간에 배우게 될 식의 전개만 알면 누구나 이해할 수 있는 것이야. 그렇지만 너희는 초등학교 어린이들일 테니까 샘이 더 쉽게 설명을 해 줄게.

네가 만일 17×19를 쉽고 빨리 계산하고 싶다면, 이것만 알면 되는 것이야.

※ 분배법칙

(1) 17×19에서 곱할 두 수, 즉 17과 19를 각각 십의 자리와 일의 자리로 가른다.

따라서, 17×19 = (10+7)×(10+9)

(2) 이것을 분배법칙에 의해서 하나씩 곱해 주면,

(10+7)×(10+9)= (10×10)+(10×9)+(7×10)+(7×9)

이 되는데,

(3) 이것을 다시 10의 곱이 들어 있는 수에 주목하여 보면,

(**10**×10)+(**10**×9)+(7×**10**)+(7×9)

　　= **100+90+70**+63 은,

　　= **260**+63 과 같고,

요놈을 자세히 들여다보면

　　= **26×10**+63 그러니까,

　　= **(10+9+7)×10**+(7×9)과 같지 않니?

그런데 위의 **(10+9+7)×10** 에서 곱하기 10은 사실 곱할 필요가 없다는 것도 눈치채기를 바라…… 왜냐하면 **10+9+7**의 합에 0을 붙여 넣기만 하면 되니까!

결국 위의 예에서 꼭 필요한 계산은 ① 7×9= 63 이라는 구구단 하나와 ② **10+9+7**의 합에 0을 붙여 넣는 것뿐이라는 이야기지. 어때? 이 정도면 굳이 힘들게 외우지 않아도 3초 정도면 계산 끝나는 것 아니겠니?

중학생이라면 위의 설명 중에서 3단계 정도는 생략을 해도 금방 이해할 수 있겠지만, 아직 초딩인 친구들은 급할 것 없어~ 그러니까 천천히 그렇지만 꼼꼼하게 살펴보는 거야~~!

무엇을? 10은 곱하지 않고 더한 수에 0만 붙이면 되니까, 사실상 7 곱하기 9만 하고 나면 나머지는 덧셈뿐이라는 것을 스스로 알 때까지!!

주의할 점은 스스로 "**아하! 바로 이거였구나!**"라고 느껴야 한다는 점이야. 잊지 마~ "**아하!**"

(4) 결국 [17×19]의 계산은 [7×9= **63**]에다가, 10+7+9= **26**의 열 배, 즉 260을 더해서……

63+260= 323이라는 것이지.

어때? 감이 조금 왔니?

아직도 잘 모르겠다고? 그래도 절대로 걱정하지는 마. 다음 페이지부터는 연습 문제와 함께 세상에서 가장 간단하고 편리한 셈법인 [간편셈]으로, 샘이 더 알기 쉽게 설명을 해 줄 거니까~~!

그리고 한 가지 더!

샘은, 위에서 본 **10+7+9=26**의 열 배, 즉 260을 앞으로, 10(십)+7(십)+9(십)= **26**(십)으로 표시할거야! 십의 자리수가 26개이니, 당연히 260인 것은 너희들 도 쉽게 알 수 있지?

실제로 유럽과 미국, 싱가폴 등에서는 위와 같은 방법으로 화폐의 단위를 익히게 하거든…… 예를 들어서 10달러짜리 5개 더하기, 10달러짜리 3개를 우리처럼 고집스럽게 50+30= **80**, 80달러라고 가르치지는 않는다는 것이야. 그들은 5(십)+3(십)= 8(십), 80달러라고 가르치지.

정말이냐고? 그럼, 정말이지!

샘은 독일과 인도네시아 등의 외국에서 20년 정도, '독일어와 영어로 만들어진 수학 교과서'로 학생들을 지도하여 왔기에 너무나도 잘 알고 있는 사실이야.

Chapter 3

최초 공개!
올림, 내림하는 수를
적지 않는 셈법!

(특허 출원 번호: 10-2014-0163253)

*간편셈

"올림하는 수와 내림하는 수를 적지 말자!"

[19단 구구]를 연습하기 전에, 먼저 올림을 한 수와 내림을 한 수를 적지 않고, 왼손가락에 기억해 두는 방법을 알아 두면 무척 편리하지.

이것은 [간편셈]이라고 하는 셈법으로, 샘이 고안하여 특허 출원을 하였고, 이 책의 다음 작품으로 [간편셈]이 출간될 예정이야.

우선 오늘은 간단히 5분만 공부하면 평생을 편리하게 사용할 수 있는 방법을 알려 줄 테니, 재미있게 공부해 보자~~! ^^

*올림을 한 수를 왼손가락으로 기억하기

(1) 0은 왼손가락을 자연스럽게 펴고 힘을 주지 않으면 돼. 그 상태로 그냥 문제의 위에 왼손을 살짝 올려 놓고 있으면 되는 거야.

(2) 10은 그림처럼 왼손가락의 검지에 살~짝 힘을 주어 바닥을 짚어 주면 돼. 얼만큼 힘을 줘야 되냐고? 정답은 없어. 네가 짚고 있다는 사실을 느낄 수 있을 만큼이면 충분하지! 다른 사람은 몰라도 너는 검지를 짚고 있는, 그 느낌을 느낄 수 있지 않겠니? 그것으로 충분하고, 바로 그 느낌이 네가 올림을 한 수 10을 잊지 않고 기억나게 해 줄 거야. ^^*

그리고 검지손가락을 문제의 바로 위에 놓으면, 문제와 왼손가락을 한 번에 볼 수 있으니까, 올림을 한 수를 절대로 까먹지는 않겠지?

(3) 20은 왼손가락의 검지와 중지에 살~짝 힘을 주어 바닥을 짚어 주면 돼. 10에서와 마찬가지로 문제의 바로 위에는 검지, 그 위에는 중지를 그림처럼 놓는다면, 역시나 어지간해서는 올림을 한 수를 까먹지는 않겠지?

너희들이 실제로 책상 위에 손가락을 짚어 보면 살짝 힘을 준 손가락들은 바닥에 닿아 있고, 힘을 주지 않은 손가락들은 바닥에서 약간 떨어져 있다는 것을 느낄 수 있을 거야. 그렇지만 굳이 눈으로 확인하려고 하지는 마~ 왜냐고? 우린 이미 느낌으로 알 수가 있으니까. 그렇지 않니?

(4) 30은 어떻게 기억을 하는 것이 좋을까? 이미 짐작을 했겠지만, 그림처럼 왼손가락의 검지와 중지, 약지에 살짝 힘을 주어 바닥을 짚어 주면 돼.

여기서도 중요한 것은 검지를 항상 문제의 바로 위에 놓는다는 것이야!

(5) 40 역시 짐작을 한 대로, 왼손가락의 엄지와, 중지, 약지, 소지에 살짝 힘을 주어 바닥을 짚어 주면 돼. 그러고 보니까 엄지를 빼고 모든 왼손가락들이 사용되었네~ ^^

(6) 50을 기억하는 방법은 아주 중요해. 한쪽 손의 손가락은 모두 5개뿐이니, 한쪽 손에 1~9까지의 모든 수를 기억시킬 수는 없지 않겠니? 그래서 마치 주판의 윗알처럼 엄지로 50을 기억하는 것이야. 이렇게 하면 받아 올림을 한 모든 수를 적지 않고도 왼손가락에 모두 기억시킬 수가 있으니까, 절대로 까먹는 일은 없겠지! ^^*

그리고 중요한 것이 하나 더 있어. 문제의 바로 위에는 그림처럼 여전히 검지가 있는 것이 좋겠다는 것이지. 그러니까 엄지는 문제의 아래에 있게 된다는 것이야. 왜냐하면 **손가락들의 위치가 항상 일정한 곳에 있는 것이 기억에 더욱 도움이 되거든.** 주의해야 할 점은 엄지만 짚고, 검지는 짚으면 안 된다는 것이겠지?

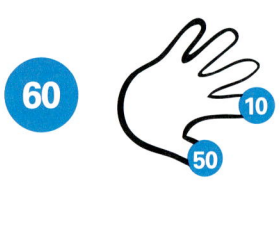

(7) 그렇다면 60은 어떻게 기억을 할까? 그래! 50+10= **60**이니까, 엄지와 검지를 살~짝 짚어 주면 되는 거야~!

(8) 70은? 그렇지! ^^ 엄지와 검지, 중지를 살~짝 짚어 주면 되겠지?

(9) 80은? 그렇지! ^^ 엄지와 검지, 중지, 약지를 살~짝 짚어 주면 되겠지?

(10) 마지막으로 90은? ^^

그렇지! 왼손가락들을 모두 다 함께 짚어 주면 되겠지?

그런데 사실상 [19단 구구]에서는 90은 필요가 없단다. 왜냐하면 '9×9=81'이 끝이니까 80까지만 알아도 충분히 [19단 구구]에 활용을 할 수가 있거든!

이렇게 왼손가락으로 받아 올림을 한 수를 기억할 수 있는데, 굳이 올림을 한 수를 적을 필요가 있을까? 너희들도 알다시피 왼손가락을 많이 쓰면 오른쪽 뇌가 발달한다고 하지 않니?

[간편셈]은 이와 같이 올림을 한 수를 적을 필요가 없어서 편리하고, 왼손가락을 사용하므로 오른쪽 뇌가 좋아지는 장점이 있는데. 좋은 점이 또 하나 있어, 바로 [19단 구구]를 외우지 않고도, 외운 것이나 다름없이 쉽게 활용할 수 있다는 것이야.

그러나 익숙해지도록 연습은 꼭, 꼭 해 보아야겠지? 예전에는 일부 수학자들이 단순한 계산 연습을 반복하는 것이 수학 능력의 향상과는 거리가 멀고, 쓸데없는 시간 낭비일 뿐이라고 주장을 하기도 했었어. 하지만 요즘에 그런 주장을 하는 수학자들은 별로 찾아볼 수가 없단다.

그 이유는 어떤 방법으로 계산을 하든지, 계산 연습을 꾸준히 하게 되면 '이성과 성찰의 뇌'인 전전두엽(前前頭葉 prefrontal lobe)의 발달을 뚜렷하게 촉진시킨다는 사실이 뇌과학자들에 의해 속속 증명되고 있기 때문이지.

그러니까 [19단 구구]를 외울 필요는 없더라도 [19단 구구]의 계산 연습은 꼭 해 보는 거야~~!

이 세상에서 가장 쉬운 [19단 구구]를 이해하고 연습하는 방법은, 다음 장에서 샘이 재미있게 가르쳐 줄게~~!!

Chapter 4

세상에서 가장 쉬운
19단 구구를 연습해 보자!

* **[19단 구구]의 원리를 알아보자!**

(예제 1)

17×14의 계산

(풀이)

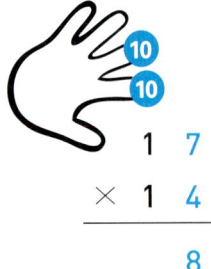

```
    1 7
  × 1 4
  ─────
        8
```

(1) 일의 자리끼리의 곱.

4×7= 28에서 8은 적고, 올림한 수 20은 왼손가락 2개를 살짝 짚어서 기억한다. 즉, 올림한 수를 적지 않는 것이야~ ^^

※ 어때! 올림한 수를 적지 않는 것만으로도, 스트레스를 덜 받지 않니? ^^

(2) 십의 묶음으로 더하기.

문제의 일의 자리의 수 7과 4는 10을 곱하게 되므로 70과 40이 되겠지? 그런데, 모두 일의 자리의 수가 0이기 때문에, 샘은 7(십)과 4(십)으로 셈을 하고 싶어. 각각 십의 묶음이 7개, 4개라는 뜻이지~~! ^^

잠깐, 그렇다면 아까 올림한 수 20도 일의 자리의 수가 0이기 때문에 2(십)으로 셈을 해도 되겠지?

그래, 맞았어! ^^ 이제는 몇(십)으로 된 수들을 모두 더해야 하는데, 위에서부터 차례로 더하는 것이 조금 더 빠르고 틀릴 염려도 훨씬 적어지는 법이야?

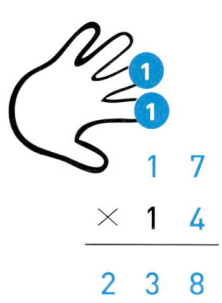

그래서 우리는 올림한 수 2(십)부터 7(십), 4(십)을 차례로 더하여서 13(십)을 얻을 수가 있겠지?

```
    1 7
  ×  1 4
    2 3 8
```

이제 남은 것은 10×10= **100**뿐이야. 어? 그런데, 요 녀석도 일의 자리의 수가 0이네? 그렇다면 얘는 어떻게 하면 될까? 10(십)??? 빙고! 대~단한데~!!

그래서 조금 아까 얻은 답 13(십)에 10(십)을 더하여서 23(십)이 되었어. 23(십)은 십의 묶음이 23개 라는 뜻이니까, 답을 적을 때에는 십의 자리를 기준으로 23을 적으면 되는 거야.

※ 요약을 하자면, 위 그림의 파란색 숫자들을 모두 더하면 된다는 뜻이야. 2+17+4= **23**인 것이지. 하지만 십의 자리의 수라는 것을 잊으면 안되겠지?

※ 보통의 어린이들은 일의 자리의 수의 합 **2+7+4= 13**에 **10**을 더하여 **23**을 구하는 것이 좋고, 만일 계산에 자신이 있는 어린이라면 차례대로 **2+17+4= 23**으로 계산을 하는 것도 좋은 방법이야! 선택은 자유~!!

(예제 2)

19×17의 계산

(풀이)

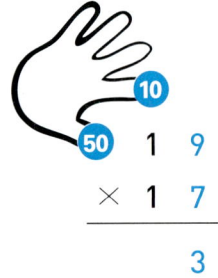

(1) 일의 자리끼리의 곱.

7×9= **63**에서 3은 적고, 올림한 수 60은 엄지와 검지를 살짝 짚어서 기억을 한다.

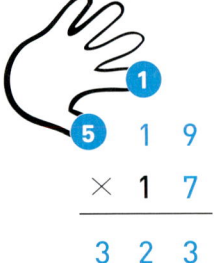

(2) 십의 묶음으로 더하기.

올림한 수 6(십)에 문제의 일의 자리의 수 9(십), 7(십)을 차례로 더하여 22(십)를 구한 후에, 마지막으로 10(십)을 더하여 32(십)을 자릿수를 맞추어 적는다. ^^

(예제 3)

19×19의 계산

(풀이)

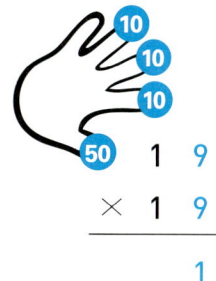

(1) 일의 자리끼리의 곱.

9×9= **81**에서 1은 적고, 올림한 수 80은 왼손가락을 살짝 짚어서 기억을 한다.

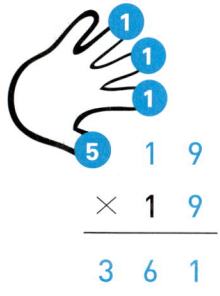

(2) 십의 묶음으로 더하기.

올림한 수 8(십)과 문제의 일의 자리의 수 9(십)와 9(십)의 합 26(십)에, 10(십)을 더하여 36(십)을 자릿수를 맞추어 적는다. ^^

*[19단 구구] 연습 문제

1. 올림이 없는 수

(1) 예제

```
      1 1
  ×   1 1
  -------
    1 2 1
```

1. 1×1= 1을 적고,
2. 문제의 일의 자리 숫자 1과 1의 합에, +10을 한다.
   - 1(십)+1(십)+10(십)= 12(십)
   십의 자리에 12를 쓴다.

(2)
```
      1 2
  ×   1 1
  -------
```

(3)
```
      1 1
  ×   1 3
  -------
```

(4)
```
      1 1
  ×   1 4
  -------
```

(5)
```
      1 5
  ×   1 1
  -------
```

(6)
```
      1 1
  ×   1 6
  -------
```

(7)
```
      1 7
  ×   1 1
  -------
```

(8)
```
      1 1
  ×   1 8
  -------
```

(9)
```
      1 9
  ×   1 1
  -------
```

(10)
```
      1 1
  ×   1 9
  -------
```

(11)
```
    1 3
×   1 2
```

(12)
```
    1 2
×   1 3
```

(13)
```
    1 4
×   1 2
```

(14)
```
    1 2
×   1 4
```

(15)
```
    1 3
×   1 3
```

(16)
```
    1 1
×   1 2
```

(17)
```
    1 3
×   1 1
```

(18)
```
    1 4
×   1 1
```

(19)
```
    1 1
×   1 5
```

정답 (1) 121 (2) 132 (3) 143 (4) 154 (5) 165
(6) 176 (7) 187 (8) 198 (9) 209 (10) 209
(11) 156 (12) 156 (13) 168 (14) 168 (15) 169
(16) 132 (17) 143 (18) 154 (19) 165

세상에서 가장 쉬운 19단 구구를 연습해 보자!

2.

(1) 예제

```
    1 8
×   1 5
-------
2 7 0
```

1. 5×8= 40에서 0은 적고, 4(십)는 손가락으로 기억한다.
2. 올림한 수 4에, 문제의 일의 자리 숫자 8과 5를 더하고, +10을 한다.
- 4(십)+8(십)+5(십)+10(십)= 27(십) 십의 자리에 27을 쓴다.

(2)
```
    1 2
×   1 5
-------
```

(3)
```
    1 3
×   1 5
-------
```

(4)
```
    1 5
×   1 3
-------
```

(5)
```
    1 4
×   1 5
-------
```

(6)
```
    1 5
×   1 4
-------
```

(7)
```
    1 5
×   1 5
-------
```

(8)
```
    1 5
×   1 6
-------
```

(9)
```
    1 6
×   1 5
-------
```

(10)
```
    1 5
×   1 7
-------
```

(11)
```
    1 7
×   1 5
```

(12)
```
    1 8
×   1 5
```

(13)
```
    1 5
×   1 8
```

(14)
```
    1 9
×   1 5
```

(15)
```
    1 5
×   1 9
```

(16)
```
    1 5
×   1 2
```

(17)
```
    1 5
×   1 4
```

(18)
```
    1 6
×   1 5
```

(19)
```
    1 5
×   1 5
```

정답 (1) 270 (2) 180 (3) 195 (4) 195 (5) 210 (6) 210 (7) 225 (8) 240 (9) 240 (10) 255 (11) 255 (12) 270 (13) 270 (14) 285 (15) 285 (16) 180 (17) 210 (18) 240 (19) 225

3.

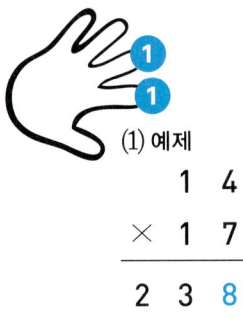

(1) 예제
```
    1 4
  × 1 7
  -------
  2 3 8
```

1. 7×4= 28에서 8은 적고, 2(십)는 손가락으로 기억한다.
2. 올림한 수 2에, 문제의 일의 자리 숫자 4와 7을 더하고, +10을 한다.
- 2(십)+4(십)+7(십)+10(십)= 23(십)
  십의 자리에 23을 쓴다.

(2)
```
    1 3
  × 1 8
  -------
```

(3)
```
    1 3
  × 1 9
  -------
```

(4)
```
    1 4
  × 1 7
  -------
```

(5)
```
    1 4
  × 1 6
  -------
```

(6)
```
    1 5
  × 1 7
  -------
```

(7)
```
    1 5
  × 1 9
  -------
```

(8)
```
    1 6
  × 1 8
  -------
```

(9)
```
    1 6
  × 1 7
  -------
```

(10)
```
    1 7
  × 1 9
  -------
```

(11)
```
    1 2
×   1 6
-------
```

(12)
```
    1 3
×   1 7
-------
```

(13)
```
    1 4
×   1 8
-------
```

(14)
```
    1 6
×   1 9
-------
```

(15)
```
    1 7
×   1 8
-------
```

(16)
```
    1 6
×   1 4
-------
```

(17)
```
    1 6
×   1 3
-------
```

(18)
```
    1 9
×   1 7
-------
```

(19)
```
    1 2
×   1 8
-------
```

정답 (1) 238 (2) 234 (3) 247 (4) 238 (5) 224 (6) 255 (7) 285 (8) 288 (9) 272 (10) 323 (11) 192 (12) 221 (13) 252 (14) 304 (15) 306 (16) 224 (17) 208 (18) 323 (19) 216

4.

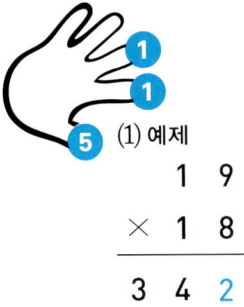

(1) 예제

```
    1 9
  × 1 8
  -------
  3 4 2
```

1. 8×9= 72에서 2는 적고, 7(십)은 손가락으로 기억한다.
2. 올림한 수 7에, 문제의 일의 자리 숫자 9와 8을 더하고, +10을 한다.
- 7(십)+9(십)+8(십)+10(십)= 34(십)
  십의 자리에 34를 쓴다.

(2)
```
    1 9
  × 1 7
```

(3)
```
    1 9
  × 1 5
```

(4)
```
    1 8
  × 1 3
```

(5)
```
    1 8
  × 1 2
```

(6)
```
    1 7
  × 1 4
```

(7)
```
    1 7
  × 1 6
```

(8)
```
    1 6
  × 1 4
```

(9)
```
    1 6
  × 1 3
```

(10)
```
    1 4
  × 1 3
```

(11)
```
    1 4
×   1 4
───────
```

(12)
```
    1 7
×   1 3
───────
```

(13)
```
    1 8
×   1 6
───────
```

(14)
```
    1 9
×   1 3
───────
```

(15)
```
    1 9
×   1 6
───────
```

(16)
```
    1 5
×   1 9
───────
```

(17)
```
    1 7
×   1 8
───────
```

(18)
```
    1 8
×   1 8
───────
```

(19)
```
    1 8
×   1 9
───────
```

정답 (1) 342 (2) 323 (3) 285 (4) 234 (5) 216 (6) 238 (7) 272 (8) 224 (9) 208 (10) 182 (11) 196 (12) 221 (13) 288 (14) 247 (15) 304 (16) 285 (17) 306 (18) 324 (19) 342

5. 쉬운 수

(1) 예제

```
    1 8
×     8
-------
1 4 4
```

1. 8×8= 64에서 4는 적고, 6(십)은 손가락으로 기억한다.
2. 올림한 수 6과 문제의 일의 자리의 수 8의 합 14를 자리에 맞추어 쓴다.
• 6(십)+8(십)= 14(십)

(2)
```
    1 7
×     3
```

(3)
```
    1 5
×     7
```

(4)
```
    1 4
×     5
```

(5)
```
    1 2
×     3
```

(6)
```
    1 3
×     9
```

(7)
```
    1 8
×     7
```

(8)
```
    1 5
×     2
```

(9)
```
    1 3
×     6
```

(10)
```
    1 9
×     2
```

(11)
$$\begin{array}{r} 1\ 5 \\ \times\quad 4 \\ \hline \end{array}$$

(12)
$$\begin{array}{r} 1\ 2 \\ \times\quad 9 \\ \hline \end{array}$$

(13)
$$\begin{array}{r} 1\ 8 \\ \times\quad 3 \\ \hline \end{array}$$

(14)
$$\begin{array}{r} 1\ 6 \\ \times\quad 4 \\ \hline \end{array}$$

(15)
$$\begin{array}{r} 1\ 6 \\ \times\quad 8 \\ \hline \end{array}$$

(16)
$$\begin{array}{r} 4 \\ \times\ 1\ 7 \\ \hline \end{array}$$

(17)
$$\begin{array}{r} 6 \\ \times\ 1\ 9 \\ \hline \end{array}$$

(18)
$$\begin{array}{r} 3 \\ \times\ 1\ 8 \\ \hline \end{array}$$

(19)
$$\begin{array}{r} 9 \\ \times\ 1\ 6 \\ \hline \end{array}$$

정답 (1) 144 (2) 51 (3) 105 (4) 70 (5) 36
(6) 117 (7) 126 (8) 30 (9) 78 (10) 38
(11) 60 (12) 108 (13) 54 (14) 64 (15) 128
(16) 68 (17) 114 (18) 54 (19) 144

세상에서 가장 쉬운 19단 구구를 연습해 보자!

6. 특별한 수 11, 13, 17, 19

* 어려운 분수의 약분과 통분에 꼭 필요하니, 능숙하게 될 때까지 반복해서 연습해 보자.

(1) 예제

```
    1 9
×   1 9
-------
  3 6 1
```

1. 9×9= 81에서 1은 적고, 8(십)은 손가락으로 기억한다.
2. 올림한 수 8에, 문제의 일의 자리 숫자 9와 9를 더하고, +10을 한다.
• 8(십)+9(십)+9(십)+10(십)= 36(십).
  십의 자리에 36을 쓴다.

(2)
```
    1 7
×   1 7
-------
```

(3)
```
    1 3
×   1 3
-------
```

(4)
```
    1 1
×   1 1
-------
```

(5)
```
    1 9
×   1 1
-------
```

(6)
```
    1 9
×   1 3
-------
```

(7)
```
    1 9
×   1 7
-------
```

(8)
```
    1 7
×   1 1
-------
```

(9)
```
    1 7
×   1 3
-------
```

(10)
```
    1 7
×   1 9
-------
```

(11)
```
    1 3
x   1 1
―――――――
```

(12)
```
    1 3
x   1 7
―――――――
```

(13)
```
    1 3
x   1 9
―――――――
```

(14)
```
    1 1
x   1 3
―――――――
```

(15)
```
    1 1
x   1 5
―――――――
```

(16)
```
    1 5
×   1 5
―――――――
```

(17)
```
    1 9
×   1 9
―――――――
```

(18)
```
    1 3
×   1 3
―――――――
```

(19)
```
    1 7
×   1 7
―――――――
```

정답: (1) 361 (2) 289 (3) 169 (4) 121 (5) 209 (6) 247 (7) 323 (8) 187 (9) 221 (10) 323 (11) 143 (12) 221 (13) 247 (14) 143 (15) 165 (16) 225 (17) 361 (18) 169 (19) 289

7. 특별한 수 11, 13, 17, 19

* 어려운 분수의 약분과 통분에 꼭 필요하니, 능숙하게 될 때까지 반복해서 연습해 보자.

(1) 예제

```
    1 7
  × 1 7
  -------
  2 8 9
```

1. 7×7= 49에서 9는 적고, 4(십)는 손가락으로 기억한다.
2. 올림한 수 4에, 문제의 일의 자리 숫자 7과 7을 더하고, +10을 한다.
- 4(십)+7(십)+7(십)+10(십)= 28(십)
  십의 자리에 28을 쓴다.

(2)
```
    1 1
  × 1 7
```

(3)
```
    1 1
  × 1 9
```

(4)
```
    1 1
  × 1 8
```

(5)
```
    1 3
  × 1 5
```

(6)
```
    1 7
  × 1 6
```

(7)
```
    1 9
  × 1 4
```

(8)
```
    1 6
  × 1 1
```

(9)
```
    1 2
  × 1 3
```

(10)
```
    1 8
  × 1 7
```

(11)
$$\begin{array}{r} 1\ 5 \\ \times\ 1\ 9 \\ \hline \end{array}$$

(12)
$$\begin{array}{r} 1\ 1 \\ \times\ 1\ 1 \\ \hline \end{array}$$

(13)
$$\begin{array}{r} 1\ 3 \\ \times\ 1\ 3 \\ \hline \end{array}$$

(14)
$$\begin{array}{r} 1\ 7 \\ \times\ 1\ 7 \\ \hline \end{array}$$

(15)
$$\begin{array}{r} 1\ 9 \\ \times\ 1\ 9 \\ \hline \end{array}$$

(16)
$$\begin{array}{r} 1\ 7 \\ \times\ 1\ 3 \\ \hline \end{array}$$

(17)
$$\begin{array}{r} 1\ 5 \\ \times\ 1\ 4 \\ \hline \end{array}$$

(18)
$$\begin{array}{r} 1\ 2 \\ \times\ 1\ 9 \\ \hline \end{array}$$

(19)
$$\begin{array}{r} 1\ 7 \\ \times\ 1\ 8 \\ \hline \end{array}$$

정답 (1) 289 (2) 187 (3) 209 (4) 198 (5) 195 (6) 272 (7) 266 (8) 176 (9) 156 (10) 306 (11) 285 (12) 121 (13) 169 (14) 289 (15) 361 (16) 221 (17) 210 (18) 228 (19) 306

세상에서 가장 쉬운 19단 구구를 연습해 보자!

Chapter 5

우등생만 보는 비밀secret,
약분과 **19단 구구**

***분수가 너희들의 발목을 잡을 때!**

   샘의 초등학생 제자가 수학 경시대회에서 만점을 받을 뻔했는데, 안타깝게도 어려운 분수의 계산이 섞여 있는 문제를 잘못 풀어서 딱 한 문제를 틀렸다는 것이야. 다행히 부분점수를 인정받아서 입상을 하긴 했는데 (10점짜리 문제에서 8점을 인정받았지. 식 세우기 5점, 풀이 과정 3점, 기약분수로 표현하기 2점 중에서 2점을 놓친 것이야)……

   샘이 아쉬워하는 친구를 위로하려고 문제를 검토하던 중에 '약분이 다 된 줄 알고 무심코 다음 문제로 넘어 갔다'는 사실을 알게 되었어. 그런데 이 친구와 이야기를 해 보니 시간이 남아서 다시 검토를 해 보았다는 거야. 그때에도 이 친구는 분명히 약분이 완벽하게 된 줄 알고 있었다는 것이지……

   도대체 왜 이런 일이 일어났던 것일까? 게다가 이 친구는 수학을 너무 잘했기 때문에, 다른 수학 경시 대회에 나가서 만점을 받고 금상을 탄 적도 많은, 말 그대로 수학 영재였거든……

샘이 또 분석을 해 보았지. 그랬더니 세상에, 세상에나~! 문제의 분수 계산에는 아직 배우지도 않은 소수(솟수)prime number가 끼어 있었던 것이야.

소수가 무엇인지는 샘이 뒤에서 자세하게 가르쳐 줄게. 그러니까 지금은 영재 친구가 왜 틀렸는지를 먼저 알아보자는 거지.

문제의 분수는 물론 문장제 문제였지만, 식을 잘 세우고 차근하게 풀고 나면, 마지막으로 남는 것은 $\frac{855}{1140}$을 약분하여 기약분수로 답을 적기만 하면 되는 것이야.

(1) 이 친구는 제일 먼저, 분모와 분자의 일의 자리 수가 5와 0임을 보고, 5로 약분이 된다는 것을 알았지. 그래서 $\frac{855}{1140}$을 5로 약분하여 분수 $\frac{171}{228}$을 구했어. 잘했지?

(2) 게다가 이 영재 친구는 분자의 각 자릿수를 더하여 1+7+1은 9이니까, 3과 9의 배수라는 사실을 알아냈고, 분모의 각 자릿수도 더해서 2+2+8은 12이니까 3의 배수라는 사실도 알아냈어. 그러니까 결국 분자와 분모는 3으로 또 약분이 된다는 것이지. 정말 대단하지 않니?

그래서 $\frac{171}{228}$을 3으로 또 약분을 해서 $\frac{57}{76}$을 구한 것이야. 여기까지는 참 잘했지?

(3) 그런데 $\frac{57}{76}$에서는 아무리 생각을 해 봐도 도무지 더 이상 약분이 되는 공약수를 찾아내지 못한 것이야. 결론부터 말하면 $\frac{57}{76}$의 공약수는 바로 19야. 그러니까 $\frac{57}{76}$은 19로 한 번 더 약분이 된다는 것이지. 너희들이 19로 한 번 약분을 해봐~~! 얼마가 나왔니? $\frac{3}{4}$이 나왔다고? 빙고! 정답입니다~!!

그러니까 19라는 소수를 잘 알고 있었다면, 영재 친구가 수학 경시대회에서 낭패를 보는 일은 없었을 것이었다는 이야기이지.

우리는 앞장에서 특별한 수의 19단 편에서, 이미 소수(11, 13, 17, 19)로 이루어진 19단 구구를 연습하지 않았니?

샘이 따로 11, 13, 17, 19의 19단 구구를 연습시킨 이유는, 이처럼 어려운 분수의 약분과 통분을 잘하기 위함이야. 그 전에 공약수와 공배수, 최대공약수와 최소공배수를 잘 구하기 위함이기도 하지.

※ 초등학생들은 약분이나 통분을 할 때에, 구구단의 범위 안에서 만 하는 것이 보통이야. 그러니까 위의 문제처럼 2로 약분이 안 되면, 3으로 또 4, 5, 6, 7, 8, 9 정도까지 약분을 해 보다가, 약분이 되지 않으면 대부분의 친구들이 기약분수인 줄 알고 더 이상 약분을 하지 않게 되지. 바로 이렇게 어려운 분수의 약분과 통분을 할 때에 [19단 구구]가 그 위력을 발휘한단다. 특히 11, 13, 17, 19처럼 소수들은 더욱 그렇지. 그럼 이제 소수에 대하여 자세히 알아볼까? 초등학교 과정에서는 나오지 않지만 중1 수학에서 바로 나오는 것이니까, 이 참에 제대로 알아 두면 여러모로 도움이 될 거야.

* 소수(솟수 素數 prime number)란?

'소수'란 친구가 딱 하나뿐인 '외톨이 수'를 말해. 그러면 '소수' 즉 '외톨이 수'의 딱 하나뿐이라는 친구는 누구냐고? ' 음~, 그 친구 역시 엄청 외로운 친구인데…… 그 친구의 이름은 '1'이라고 해.

그러니까 '소수'란, '1과 자기 자신의 수로 나눌 때에는 나누어 떨어지는데, 그 밖의 다른 수들로는 절대로 나누어 떨어지지 않는 수, 더 이상 정수로는 분해되지 않는, 오염되지 않고 맑은 '순수한 수' 들을 '소수'라고 하지.

예를 들어서 7은 7÷7= 1, 7÷1= 7 이렇게 7(자기 자신 의 수)과 1로만 나누어 떨어지지 않니? 다른 수들로는 절대로 나누어 떨어지지 않지. 다른 말로는 1과 자기 자신의 수 말고는 다른 약수가 없다는 말이기도 하지. 그래서 7을 소수라고 한단다. 그밖에 많은 소수들이 끝도 없이 많단다.

먼저 소수가 될 수 없는 녀석들을 알아볼까?

바둑돌을 예로 들어 볼게~!

만일 집에 바둑돌이 있다면 꼭 한 번 실제로 따라서 해 보길 바래~~! 백 번을 반복해서 읽는 것보다 한 번 체험을 해 보고, "아하!" 하고 느끼는 것이 훨씬 오래오래 기억이 되거든!

바둑돌들을 세지 않고 대충 한 줌을 집어서 2줄씩이든 3줄씩이든 4, 5, 6, 7…… 줄씩이든 정확한 개수로 맞추어 늘어 세워 볼래? 만일 너희가 바둑돌들을 2줄 이상으로 짝을 맞추어 늘어놓을 수 있었다면, 일단 그 바둑돌들의 합은 '소수'가 아니야. 왜냐하면 2 또는 3 아니면 다른 어떤 수들로 나누어 떨어진다는 이야기가 되니까? 즉 '자기 자신의 수와 1'

말고도 다른 약수를 가지고 있으니까, 일단 소수라고 할 수 없는 것이지.

그러니까 바둑돌을 가지고 '자투리가 없는 묶음'으로 늘어세울 수가 없을 때, 그 바둑돌들의 개수가 바로 '소수'란다.

간단히 말하면, 두 줄로라도 '자투리 없는 묶음'으로는 늘어세울 수가 없고, 오직 한 줄로만 늘어세울 수 있는, 바둑돌의 수들은 모두 소수가 된다는 것이지.

여기서 샘이 너희에게 미션(임무mission)을 하나 내어 줄 거야.
임무를 수행할 준비가 되었니?

이찬희 샘이 내 주는 미션(임무mission)!
특명을 전한다. 위에서 우리가 따로 공부한 11, 13, 17, 19개의 바둑돌을 가지고, 둘 이상의 짝을 맞추어 늘어세워 보라! 어떤 방법으로든지 둘 이상의 짝을 맞추어 늘어세울 수 있다면, 너를 '노벨 수학상'에 해당하는 영예의 수학상인 '필즈상'의 미래 수상자로 임명하겠다!
어때? 어떻게든 될 듯하기도 한데 잘 안 되지?
그래, 소수라는 애들은 이처럼 친구가 딱 '1', 하나뿐인 무척 외로운 놈들인 것이야! 뭐, 제가 이 세상에서 제일 잘났다고 잘난척하다가 왕따를 당한 '1'도 친구가 없어서 외롭기는 마찬가지일거야. 그러니까 마음이 따뜻한 너희들만이라도, 이제부터 소수들의 친구가 되어 주는 것이 어떻겠니~?
말이 나온 김에 소수를 찾는 방법을 알려 줄게.

* 에라토스테네스의 체

소수를 쉽게 찾는 방법으로는 유명한 [에라토스테네스의 체]라는 방법이 있어.

1, 2, 3, 4, 5, 6, 7, 8, 9, 10,
11, 12, 13, 14, 15, 16, 17, 18, 19, 20,
21, 22, 23, 24, 25, 26, 27, 28, 29, 30 까지의 수가 있다면,

① 먼저 1은 소수가 아니므로 선을 그어 용감하게 지운다!

(1이 왜 소수가 아니냐 하면, 어떤 수이든지 1로 나누면, 다시 원래의 수로 돌아가거든! 그러니까 능률적이고 깔끔한 것을 좋아하는 수학자들이 의미가 없는 일을 반복하기 싫어서 소수에서 제외를 했다나 어쨌다나. 샘이 만든 말이니까 믿지는 마~. ^^)

② 1을 제외한 첫 번째의 수 2는 소수가 돼. 왜냐하면 약수가 1, 2(자기 자신의 수), 딱 둘 뿐이거든. 그 다음에는 2의 배수들을 모두 찾아 선을 그어 용감하게 지우는 거야. 왜냐하면 2의 배수들은 이미 그 속에 2라는 약수를 가지고 있으니까 소수라고 할 수 없는 것이지.

③ 2의 배수를 30까지 지우고 나면 다시 처음으로 돌아오는 거야. 아직 지워지지 않은 첫 번째의 수를 찾으면 3이 보일 거야. 바로 그 3도 소수가 되는 것이야. 그 다음에는 아까와 같은 방법으로 3의 배수들을 찾아서 모조리 선을 그어 지우는 거지. 마지막 30까지……

④ 그 다음에는? 당연히 다시 처음으로 돌아와서, 아직 지워지지 않은 첫 번째의 수를 찾아야지. 어디 보자~. 4는 이미 지워졌고 5는 지워지지

않았네…… 그렇다면 5가 소수인 것이지. 그 다음에 할 일은? 그렇지! 5의 배수들을 찾아 모조리 지우는 것이지!

이렇게 끈기를 갖고 배수들을 하나씩 지워 나가다 보면, 1부터 30까지의 수에서 소수는 2, 3, 5, 7, 11, 13, 17, 19, 23, 29뿐이라는 것을 알게 될 거야. 만일 이런 수들(소수)에 익숙해진다면, 너희들도 어려운 분수의 약분과 통분을 척척 할 수 있게 될 거야. 그래, 맞아! 분수계산을 잘하는 아이들의 비밀이 바로 이것이었던 것이야~~! ^^

"샘~~!"

"뭐? 왜?"

"샘이 소수의 성질을 잘 활용하면 어려운 분수들도 쉽게 약분과 통분을 할 수 있다고 하셨는데, 구체적인 방법도 함께 알려 주세요!"

그럴 줄 알았어~~! ^^

어려운 분수가 너희들의 발목을 잡는다면, 당연히 샘이 **원-포인트-레슨** one point lesson 을 해 줘야 하지 않겠니? 샘이 아무리 어려운 분수라 할지라도, 이 세상에서 가장 쉽게 약분과 통분을 하는 방법을 알려 줄게~~!

너희가 만일 수학 경시대회에 나가서 당당히 입상을 하고 싶거나, 또는 천문학적으로 큰 분수들을 약분과 통분하는 방법이 정말로 궁금했다면, 샘과 함께 큰 분수들의 세상으로 여행을 떠나 보도록 하자~!

*약분 이렇게 하면 쉽다!
[오이(5, 2)와 상치(3, 7)]를 순서대로 잘 먹으면 약분을 잘한다?

약분을 잘하는 데에도 절대적인 순서가 있다!

(0) 너무나 당연한 것이라 1번도 아닌 0번에 놓은 방법은 '**분모와 분자의 일의 자릿수가 모두 0이면, 10**으로 약분된다'는 것이야. 약분이라는 것이 간단한 분수로 표현하기 위한 것이니, 잊지 말고 분모와 분자의 일의 자릿수 0을 일단 지우고 보자!

(1) '오이와 상치(5, 2, 3, 7)는 순서대로 먹을 때 소화가 잘된다'나 어쨌다나? 아무튼 그렇대!! 누가? 이찬희 샘이! ^^ 그래서 언제든지 약분을 할 때에는 제일 먼저 5로 약분이 되는지 알아보는 것이 최고로 쉬운 방법이야.

결론부터 말하면, '분모와 분자의 일의 자릿수가 5 또는 0이면, 무조건 **5로 약분이 된다**'는 것이야. 중요한 것은 만일 이때 **5로 약분을 했다면 다시 또 5로 약분이 되는지 알아 보는 것이야**. 예를 들어서 $\frac{50}{75}$ 은 분모와 분자의 일의 자릿수가 5와 0이므로 5로 약분이 되겠지. 따라서 5로 약분을 하면 $\frac{10}{15}$ 이고, 한 번 더 살펴보니 여전히 분모와 분자에 5와 0이 있으니까, 또 한 번 5로 약분을 하면 $\frac{2}{3}$ 가 되는 것이지.

※ 그렇지만 만일 $\frac{121}{130}$ 처럼, 분모는 일의 자릿수가 0이므로 5로 나누어 떨어지지만, 분자는 일의 자릿수가 1이어서 5로 약분이 안 되지? 이처럼 5로 약분이 되지 않는다면, 더 이상 10, 15, 20…… 등의 5의 배수로는 약분이 되는지 알아볼 필요조차 없단다. 왜냐하면 10, 15, 20…… 등의 5의 배수에는 이미 5의 성분이 들어있기

때문에, 이미 5로 약분이 되지 않았다는 것은, 5의 배수들 모두와도 더 이상 약분이 되지 않는다는 뜻이니까! 이것은 '오이와 상추를 맛있게 다 먹을 때까지 변치 않는 절대 진실'이니까, 절대로 잊기 않기야~~!

(2) '오이와 상치(5, 2, 3, 7)'의 두 번째 수가 2 이니까, 이제 2로 약분이 되는지 알아볼 차례이겠지? '분모와 분자의 일의 자릿수가 0, 2, 4, 6, 8(짝수) 이면 무조건 2로 약분이 된다.' 만일 이때 2로 약분을 했다면 다시 또 2로 약분이 되는지 알아본다. 예를 들어서 $\frac{12}{16}$ 를 2로 약분하면 $\frac{6}{8}$ 이고, 또 한 번 2로 약분하면 $\frac{3}{4}$ 이다.

※ 그렇지만 만일 $\frac{100}{111}$ 처럼 분자의 일의 자릿수가 1 이어서 2로 약분이 안 된다면, 더 이상 4, 6, 8…… 등의 2 의 배수(짝수)로는 약분이 되는지 알아볼 필요조차 없다는 것은 위에서 설명한 그대로야.

(3) '오이와 상치(5, 2, 3, 7)'의 세 번째 수는 3이지? 그러니까 이제 3 으로 약분이 되는지 알아 보면 되겠네! '**분모와 분자의 각 자릿수의 합이 3으로 나누어 떨어지면, 무조건 3으로 약분이 된다.**' 물론 간단한 분수는 구구단으로 금방 해결이 되겠지만, 위에서 예를 든 문제처럼 복잡한 분수일 때에는 이 방법이 최선이다.

즉, "위에서 영재 친구가 틀렸던 $\frac{855}{1140}$ 에서 분자의 각 자릿수의 합은 '8+5+5= 18'이므로 3으로 나누어 떨어지고, 분모의 각 자릿수의 합도 '1+1+4+0= 6'이므로 역시 3으로 나누어 떨어진다. 따라서 $\frac{855}{1140}$ 은 3으로 약분이 된다"라고 샘이 말할 줄 알았지? "**천만의 말씀, 만만의 콩떡이야!**"^^

샘이 약분에 대하여 처음 설명을 하면서 농담처럼 한 말이 무엇인지 기억하고 있니? 기억하고 있다면 정말로 고맙고, 만일 기억이 나지 않는다면 앞으로는 절대로 잊지 않기를 바래~~!! 바로 '**오이와 상치(5, 2, 3, 7)**는 순서대로 먹을 때 소화가 잘된다'야~!

그러니까 샘의 말대로 '오이와 상치'를 순서대로 먹었다면, $\frac{855}{1140}$ 는 제일 먼저 5로 약분을 해서, 이미 $\frac{171}{228}$ 이 되었을 거라는 것이지. 따라서 우리는 이제 **분자가 홀수이므로 2로는 약분이 안 되니까, 2로 약분하는 것은 생략하고**…… $\frac{171}{228}$ 이 3으로 약분이 되는지를 알아 볼 차례인 것이야.

분자의 각 자릿수의 합 '1+7+1=9'와 분모의 각 자릿수의 합 '2+2+8=12'가 모두 3의 배수인지는 쉽게 알 수 있지? 그래서 3으로 약분을 하면 $\frac{57}{76}$ 이 되는 것이지. 위에서도 설명을 한 것처럼 3으로 약분이 된다면 또 3으로 약분이 되는지 알아볼 차례이겠지?

$\frac{57}{76}$ 의 분자의 합은 '5+7= 12'이므로 3의 배수가 되지만, 분모의 합은 '7+6= 13'이므로 3의 배수가 안 되는 것을 쉽게 알 수 있겠지? 그렇다면 6, 9, 12…… 등의 다른 3의 배수들로도 더 이상 약분이 되지 않는다는 사실도 잊지 말고……

(4) '오이와 상치(5, 2, 3, 7)' 중에서, 제일 중요한 것이 바로 '7'로 약분이 되는지 알아보는 것이야. 즉 '7'로 나누어 떨어지는 수인지 알아보는 것이지.

7의 배수를 찾는 방법은 여러 가지가 있지만, 보통은 초등학생들이 이해하기에는 어려운 것들이 대부분이란다.

그래서 7의 배수를 찾는 방법은 교과서는 물론이고 다른 참고서에서도 거의 다루지 않고 있지…… 그만큼 잘 알려지지도 않았고, 마침내 많은 사람들이 "방법은 있지만 너무 어려워서 있으나 마나……"라고 생각하게 되었단다.

7의 배수 찾기를 포기한 것이지!

그렇지만 이찬희 샘이 누구니?

궁금한 것은 절대로 참지 못하고, 어려운 문제일수록 모험심으로 똘똘 뭉쳐서 마침내 해결하고 마는 이찬희 샘이, 정말로! 마침내!

초등학생들도 이해하기 쉬운 7의 배수 찾는 법을 이 자리에서 공개하마~~!
짜잔~!!!

"어떤 수에 7의 배수를 더하거나 뺀 값이 7의 배수가 된다면, 원래의 수도 7의 배수이다!"

"에계……? 샘, 뭐가 이렇게 간단해요? 정말 이렇게만 하면 7의 배수인지 알 수 있어요?"

물론이란다! ^^

진리는 항상 단순한 것이고, 우리 주변에서 누구나 쉽게 접할 수 있는 곳에 있는 법이야.

사실 이 획기적인 방법을 샘이 최초로 발견했다고는 생각하지 않아……

왜냐하면 그 원리가, 중학교 1학년이라면 누구나 쉽게 이해할 수 있는 아주 간단한 공식을 활용한 것이거든.

샘이 그 원리까지도 쉽고 명백하게 알려줄게~~! ^^

그러나 지금 당장 원리가 이해되지 않는다고 하여도 전혀 걱정할 것은 없단다. 중학생이 되면 저절로 이해할 것이니까!

어떤 수가 7의 배수라고 하면 7×a, 7×b(a, b는 정수)로 나타낼 수가 있고,

7×a+7×b= 7×(a+b)에서, a+b는 정수이므로,

7×(a+b)는 7의 배수이다!

마찬가지로,

7×a−7×b = 7×(a−b)에서,

a-b는 정수이므로, 7×(a-b)는 7의 배수이다!

이때 원래의 수에 7의 배수를 더하거나 뺀 값의 일의 자리의 수가 0이 되도록 만드는 것이 요령이야!

왜냐고? 만일 일의 자릿수가 0이라면, 일의 자리의 수를 용감하게 제거할 수 있기 때문이지.

7과 70, 14와 140을 자세히 관찰해 보면 알 수 있는 것처럼, 일의 자릿수에 0이 있거나 말거나 두 수가 7의 배수라는 사실이 바뀌는 법은 없지 않겠니?

잊지 마! 골 아프게 다른 자릿수는 생각할 필요가 없고, 오직 끝자리만 신경 쓰면 된다는 것을!

가장 단순한 것, 그것이 바로 진리란다!

특히 너희들이 홀수의 구구단을 눈 여겨 본다면,

3×1= 3, 3×2= 6, 3×3= 9, 3×4= 12, 3×5= 15, 3×6= 18, 3×7= 21, 3×8= 24, 3×9= 27에서 보는 것처럼 일의 자리의 수가 두세 개가 아니라, 딱 하나로 정해지니까 끝 수를 맞추는 것도 어렵지 않겠지?

다른 홀수의 구구단도 모두 일의 자릿수가 딱 1개씩이냐고? 궁금하면 직접 해 봐~~! ^^

그리고 한 가지 더 가르쳐 준다면, 너희가 덧셈을 활용하든 뺄셈을 활용하든 그것은 네 마음이니까, 7의 배수를 더하든지 빼든지 상관없고, 기왕이면 쉬운 수를 찾는 것이 좋다는 것이지~~! ^^

다음의 예제에서 샘이 자세히 설명했으니까, 잘 읽어 보기를 바래~~! ^^

샘이 뭐라고 강조했지?

그래!

끝 수(일자리의 수)에만 집중을 하라!

7의 배수 찾기

(예제)

196은 7로 나누어 떨어지는 수인가?

(풀이)

① 196에 어떤 7의 배수를 더하거나 빼면, 일의 자릿수를 0으로 만들 수 있을지 생각한다.

여기서는 196 − 56 $_{7×8}$ = 140이다.

② 일자리의 수 0을 용감하게 지우고 7의 배수가 되는지 알아본다.

여기서는 140 → 14가 7의 배수이므로, 원래의 수 **196도 7의 배수이다.**

따라서 정답은, **(7로 나누어 떨어진다)**

* 그러나, 아직도 수가 커서 **7**의 배수인지, 아닌지를 바로 알 수 없다면 위의 ①과 ②를 반복한다.

이제 실제로 연습을 해 보자. 먼저 다음의 연습문제 숫자를 다른 종이에 적고 놓고, 스스로 풀어 본 다음에 아래에 있는 샘의 풀이와 비교해 보도록 해~~!! ^^

7의 배수 찾기

(연습 문제1)

337은 7의 배수인가?

(풀이)

337에 어떤 7의 배수를 더하거나 빼면, 일의 자리의 수를 0으로 만들 수 있을지 생각한다.

여기서는 337−7 ₇ₓ₁ = 330이다.

일자리의 수 0을 용감하게 지우고 7의 배수가 되는지 알아본다.

여기서는 330 → 33이 7의 배수가 아니므로, 원래의 수 337도, (7의 배수가 아니다)

*그러나, 아직도 수가 커서 **7**의 배수인지, 아닌지를 바로 알 수 없다면 위의 ①과 ②를 반복한다.

7의 배수 찾기

(연습 문제2)

6125는 7의 배수인가?

(풀이)

6125에 어떤 7의 배수를 더하거나 빼면, 일의 자리의 수를 0으로 만들 수 있을지 생각한다.

여기서는 6125+35 $_{7\times5}$= 6160이다.

일자리의 수 0을 용감하게 지우고 7의 배수가 되는지 알아본다.

여기서는 6160 → 616

*그러나, 아직도 수가 커서 **7의 배수**인지, 아닌지를 바로 알 수 없다면 위의 ①과 ②를 반복한다.

616+14 $_{7\times2}$= 630 → 63이 7의 배수이므로,

위 문제의 정답은 **(7의 배수이다)**

메 모, 약 도

logis@yes24.com

서울 영등포구 은
행로11여의노동
회탄아층

도서출판 **지능, 신기교육**

도서총판 **보 람 도 서**

인 터 넷 : www.borambook.co.kr
이 메 일 : boram@borambook.co.kr
주 소 : 서울·금천구 남부순환로 1432
      (독산동 901-9번지 남부빌딩 3층 301호)
전 화 : (02)856-4983, (02)844-7130
      010-5250-7130
팩 스 : (02)856-4984

7의 배수 찾기

(연습 문제3)

28959는 7로 나누어 떨어지는 수인가?

(풀이)

28959에 어떤 7의 배수를 더하거나 빼면, 일의 자리의 수를 0으로 만들 수 있을지 생각한다.

여기서는 28959+21 $_{7\times3}$= 28980이다.

일자리의 수 0을 용감하게 지우고 7의 배수가 되는지 알아본다.

여기서는 28980 → 2898

*그러나, 아직도 수가 커서 **7**의 배수인지, 아닌지를 바로 알 수 없다면 위의 ①과 ②를 반복한다.

2898-28 $_{7\times4}$= 2870 → 287

*그러나, 아직도 수가 커서 **7**의 배수인지, 아닌지를 바로 알 수 없다면 위의 ①과 ②를 반복한다.

287-7 $_{7\times1}$= 280 → 28이 7의 배수이므로,

위 문제의 정답은 **(7의 배수이다)**

이제 '오이와 상치(5, 2, 3, 7)'를 맛있게 먹고 난 결과를 정리해 보자!

먼저 5, 2, 3, 7의 배수들을 20까지의 수 안에서 찾아보자!

5와 5의 배수: 5, 10, 15, 20.

2와 2의 배수: 2, 4, 6, 8, 10, 12, 14, 16, 18, 20.

3과 3의 배수: 3, 6, 9, 12, 15, 18.

7과 7의 배수: 7, 14.

위의 수들을 순서대로 정리해 보면,

2, 3, 4, 5, 6, 7, 8, 9, 10, 12, 14, 15, 16, 18, 20임을 알 수가 있지? 게다가 이 수들은 너희가 만일 '오이와 상치(5, 2, 3, 7)'를 맛있게 먹었다면, 이미 약분을 끝마치게 된 수들이란다~~! ^^

한마디로 11, 13, 17, 19(소수)를 제외한 모든 수들은 이미 약분을 완료하였다는 것이지.

이제 드디어 친구들이 앞에서 연습한 11, 13, 17, 19 등의 **[19단 구구]가 힘을 발휘할 때가 온 것이란다!**

'오이와 상치(5, 2, 3, 7)'를 순서대로 잘 먹고 나면, 숫자가 엄청나게 작아졌을 테니까, 당연히 너희들이 앞에서 익힌 [19단 구구]를 활용하여 충분히 나눌 수 있을 거야~~. ^^

특히 친구들이 [19단 구구]를 충분히 익혔다면, 약분을 하는 데 별 어려움을 느끼지는 않을 것이라고 샘은 확신한단다~~!

물론 11, 13, 17, 19로 약분이 되는지 알아보는 비법도 있지. 그 비법은 위의 '7의 배수를 찾는 방법'과 같단다.

그러니까 11의 배수를 더하거나 뺀 수가 11의 배수이면 원래의 수도 11의 배수이고, 13의 배수를 더하거나 뺀 수가 13의 배수이면 원래의 수도 13의 배수라는 것이지~~!

그렇지! 17의 배수를 더하거나 뺀 수가 17의 배수라면 원래의 수도 17의 배수이고, 19의 배수를 더하거나 뺀 수가 19의 배수라면 원래의 수도 19의 배수라는 원리를 활용하는 것이야~~! ^^

11의 배수 찾기 (7의 배수 찾기 응용)

(예제)

2547은 11로 나누어 떨어지는 수인가?

(풀이)

① 2547+33 $_{11×3}$= **2580** → 258

② 258+22 $_{11×2}$= **280** → 28이 11의 배수가 아니므로, 원래의 수 2547도 11의 배수가 아니므로 11로 나누어 떨어지지 않는다.

13의 배수 찾기 (7의 배수 찾기 응용)

(예제)

7956은 13의 배수인가?

(풀이)

① 7956−26 $_{13×2}$= **7930** → 793

② 793−13 $_{13×1}$= **780** → 78이 13의 배수이므로, 원래의 수 7956도 13의 배수이다.

*그러나, 아직도 수가 커서 **7**의 배수인지, 아닌지를 바로 알 수 없다면, 한 번 더 반복한다.

17의 배수 찾기 (7의 배수 찾기 응용)

(예제)

65603은 17의 배수인가?

(풀이)

① 65603+17 ₁₇ₓ₁= **65620** → 6562

② 6562+68 ₁₇ₓ₄= **6630** → 663

③ 663+17 ₁₇ₓ₁= **680** → 68이 17의 배수이므로, 원래의 수 65603도 17의 배수이다.

19의 배수 찾기 (7의 배수 찾기 응용)

(예제)

98306은 19의 배수인가?

(풀이)

① 98306−76 ₁₉ₓ₄= **98230** → 9823

② 9823+57 ₁₉ₓ₃= **9880** → 988

③ 988−38 ₁₉ₓ₂= **950** → 95가 19의 배수이므로, 원래의 수 98306도 19의 배수이다.

어때, 아주 큰 수의 배수를 쉽게 찾을 수 있지 않았니? 게다가 이 방법은 어떠한 수의 배수라도 쉽게 찾을 수 있는 지구상의 가장 간단하고 강력한 약분과 통분의 방법이란다. 따라서 23, 29, 31, 37, 41, 47, 53, 59 등의 큰 소수(솟수)로밖에 약분이 되지 않는 분수들도 쉽게 약분을 할 수가 있지~~!

그러나 다음 장의 [유클리드의 호제법]과 비교하면 이 '오이와 상치' 비법도

태양 앞의 달처럼 금세 빛을 잃고 만단다. 천문학적으로 어마어마하게 큰 수들의 최대공약수와 최소공배수도 [유클리드 호제법]으로는 어렵지 않게 구할 수가 있거든!

그래서 천문학자나 과학자들도 유클리드의 호제법을 사용해서 천문학적인 계산을 한단다. 물론 사람이 직접 계산을 하는 것은 아니고, 컴퓨터에 유클리드의 호제법을 프로그래밍해 놓고, 컴퓨터를 이용하여 계산을 한단다.

샘은 어려운 [유클리드 호제법]을 초등학생들도 이해하기 쉽도록 다듬어서, [호형호제법]이라고 이름을 붙였단다.

그러니까 너희들이 이찬희 샘의 [호형호제법]을 지구상에서 처음으로 배우는 어린이들이 되는 셈이지!

수학 경시대회를 준비하는 어린이라면 힘을 내서 반드시 도전해 보기를 바래~~!!

해보기도 전에 어려울 것이라고 겁먹지는 말아~~!

샘이 엄청 쉽게 만들었거든~~!! ^^

샘을 믿고 [호제법]의 세계로, Go~! Go!!

Chapter 6

천문학적 분수도 척척, 약분과 통분을 한다!

*유클리드의 호제법(互除法)

기원전 300년경, 기하학의 아버지라 불리는 유클리드가 저술한 [유클리드 원론(原論) Euclid's Elements]이라는 책에 수록된 내용으로, 천문학적으로 큰 수의 최대공약수를 쉽게 찾아내는 방법이란다. 그래서 오늘날까지도 많은 수학자들과 물리학자, 천문학자들께서 종종 사용하는 방법이지.

호제법(互除法)이라는 뜻 자체가, 서로서로 제거하는 방법이라는 뜻으로서, 최대공약수를 구할 때에 나눗셈을 할 필요가 없고, 뺄셈과 (가끔) 곱셈만을 사용해서 수의 단위를 줄여나갈 수 있다는 점에서, 약분과 통분이 왠지 좀 더 쉬워질 것이라는 예감이 들지 않니?

그렇지만 수학자들께서 초등학생들이 이해하고 사용하기에는 조금 어렵다고 생각을 하신 것인지, 초등학교 수학과정에서는 가르치지 않아.

비록 초등학교 수학 과정은 아니지만, 이 방법을 잘 활용을 한다면 아무리 큰 분수라도, 쉽고 빠르게 최대공약수와 최소공배수를 구할 수 있어서, 큰 수의 약분과 통분을 할 때 무척 편리하단다.

그래서 샘이 [유클리드 호제법]의 '초딩 버전'을 만들었지. 그것이 바로 [호형호제(呼兄呼弟)법]이야. 호형(呼兄)과 호제(呼弟)라는 한자어는 형이라 부르고, 아우라 부른다는 뜻이지. 즉 의형제라는 뜻이야. 유명한 삼국지를 보면 유비와 관우, 장비가 복숭아꽃이 흐드러지게 핀 정원에서 의형제가 되기를 약속하는 장면이 나오지? 도원결의(桃園結義)라고 하는 것 말이야. '복숭아꽃밭(동산)에서 의리(의형제)를 맺었다.'는 뜻이야. 일단 이렇게 의형제를 맺고 나면, 무슨 일을 하든지, 형님이 먼저이고 아우가 나중에 하게 되는 것이지. 그렇다고, 맛있는 것을 먹을 때에만 형님이 먼저인 것은 아니란다. 위험한 일을 당했을 때에도 형님이 동생들을 위하여 앞장을 서는 것이 당연한 것이지! 그렇지, 그래서! [호형호제법]에서는 항상 형님이 먼저이고, 아우는 나중이라는 것이 중요해! 요것만 기억을 해도 [호형호제법]의 반은 이해한 것이란다. 나머지 반은 형님이 이렇게 한 번 앞장을 서면, 동생들이 형님을 편히 쉬게 한다는 것이지~~!

[호형호제법]이 무엇인데 천문학적으로 엄청나게 큰 수들의 최대공약수와 최소공배수를 그토록 쉽게 구할 수가 있을까? 샘과 함께 알아보고 싶지 않니?

* [호형호제법?] - (유클리드 호제법의 초딩 버전)

※ 먼저, 분모이든 분자이든 상관이 없이 큰 수가 형님, 작은 수가 동생이 되기로 약속을 하고, '**호형호제**'를 하는 것이야. 잊지마. 언제든지 **큰 수가 형님, 작은 수는 동생!** 그래~! 언제든지 '**형님이 먼저, 동생은 나중**'에 한다는 뜻이야~!

그리고 순서에 상관없이, 큰 수에서 작은 수를 빼고 남은 수를 '차'라고 하는 것은 다들 알고 있지?

마찬가지로 [호형호제법]에서도 형님 수에서 동생 수를 빼고 남은 수를 '차'라고 하면 돼!

즉, 항상 '**형님−동생**(또는 동생의 배수)= **차**'라는 결과가 나오게 되는데, 이 다음부터는 형님은 더 이상 셈을 할 필요가 없게 되어서 샘이 지워 놓았어…… 지운 것이 잘 보이니? 뭣이라~~~! 동생이 형님을 배신한 것 아니냐고? 아니야~! 사나이끼리 한번 맺은 의형제인데 배신을 할 리가 없지. 그것이 아니고, 형님께서 한 번 앞장을 서셨으니, 이제부터 뒷일은 아우들이 맡아서 책임지겠습니다. 그러니 "형님께선 편히 쉬십시오~!" 라는 뜻이란다~! ^^

재미있지 않니?

[호형호제법]의 원리가 이렇게 쉽다는 것이!

샘이 지금부터 [호형호제법]의 원리와 풀이 순서를 자세히 설명할 테니,

첫째, 어렵게 생각하지 말고……

둘째, 고민하지도 말고……

셋째, 샘을 믿고!

지금 즉시 연필을 집고 나서, 다음을 읽도록!

아니, 읽지 말고 샘과 함께 연필로 풀어 보도록!!

호형호제법의 원리와 풀이 순서

① '**형님－동생**(또는 동생의 배수)= **차**'의 결과에서,

② [동생과 차]가 서로 [곱의 관계]이면, [동생과 차] 중에서 작은 수가 **최대공약수**가 되고,[동생과 차]가 서로 같은 수이어도 **최대공약수**가 돼.

③ 약수와 배수의 관계를 쉽게 알지 못할 때에는, **형님**은 쉽게 하고, 방금 구한 [동생과 차]의 결과만을 가지고, 최대공약수를 구할 때까지 몇 번이고 ①과 ②를 반복한다는 것 잊지 말고~~. ^^

④ [차가 1]이 나온다면, 분모와 분자는 서로 소인수야~. 즉 더 이상 약분되지 않는 **기약분수**이지.

※ **최대공약수**를 구했다면 **최소공배수**는 아래와 같아!

[**최소공배수**= 큰 수÷**최대공약수**×작은 수] ^^

※ 유명한 원리치고는 비교적 간단하게도 보이지만, 무슨 뜻인지는 아리송하지? 이렇게 아리송할 때에는, 방법은 딱 2가지야! 즉 **엄청나게 고민을 해 보던가, 또는 직접 체험을 해 보는** 것이지. 샘은 이번에는 예제를 직접 풀어 보면서, 체험을 해 보라고 권하고 싶어.

자동차의 원리를 모두 알아야 자동차 운전을 할 수 있는 것은 아니지 않니? 우린 지금 자동차의 원리를 배우려는 것이 아니고, 다만 운전을 잘하고 싶은 것이야. 샘의 말이 맞지? 샘의 말이 맞는다고 생각을 한다면, 지금 당장 연필을 들고 다음 페이지로

Go~! Go!!

다음 장에서는 여러 가지 형태의 예제를 통해서 샘이 [호형호제법]을 알기 쉽게 설명을 할 거야~~. ^^

샘을 믿고, 또 너 자신을 믿고~~!

눈으로만 보지는 말고, 손으로 직접 써 가면서~~~!

샘은 너희들을 믿는다~~!

샘의 풀이 과정을, 꼭 쓰면서 읽는다는 약속을 지키길 바래~~! ^^

호제법, 예제 1

$\dfrac{98}{154}$ 을 기약분수로 나타내어라!

(풀이)

① '형님 − 동생(또는 동생의 배수)= 차'의 결과에서,

　154−98= **56**

② [동생과 차]가 서로 [곱의 관계]이면, [동생과 차] 중에서 작은 수가 **최대공약수**가 되고, [동생과 차]가 서로 같은 수이어도 **최대공약수**가 돼.

③ 약수와 배수의 관계를 쉽게 알지 못할 때에는, 형님은 쉬게 하고, 방금 구한 [동생과 차]의 결과만을 가지고, 최대공약수를 구할 때까지 몇 번이고 ①과 ②를 반복한다는 것 잊지 말고~! ^^

98-**56**= **42**에서 56과 42는 둘다 짝수이므로, 2로 나누면 28과 21이 되고, 이 둘은 7의 배수! 따라서, 56과 42는 14의 배수들이 되는 것이지?

따라서 $\dfrac{98 \div 14}{154 \div 14} = \dfrac{7}{11}$

이때, 42와 14가 서로 곱의 관계(약수와 배수)인지 몰랐어도 상관은 없어, 다시 한 번 해 보면 되거든~~!

이렇게~~!

　42−**14**= **28**, 설마? 이쯤이면 14와 28이 서로 곱의 관계(약수와 배수)이고 이 중에서 작은 수 14가 최대 공약수라는 것은 알 수 있겠지?

그런데, 아직까지도 14와 28이 약수와 배수의 관계인지도 잘 모르겠다고?

그래도 상관 없어, 또 다시 한 번 해보면 되겠지~~!

　이렇게~~~!

　28-**14**= **14**, 빼는 수와 차가 서로 같은 14가 되었지? 그래! 바로 그 14가 최대공약수인 거야~~!

　흐~~~ 어째, 살짝 바보가 된 것 같지? ^^

호제법, 예제 2

$\dfrac{98}{385}$ 을 기약분수로 나타내어라!

(풀이)

① '**형님 − 동생**(또는 동생의 배수)= **차**'의 결과에서,

385−98= **287**처럼 '98'을 여러 번 반복해서 빼도 되지만, 아래처럼 '**98**'의 **3**배인 '294'를 한 번에 빼는 것이 편리하겠지?

이때, 주의할 점은 **동생은 여전 히 '98**'이라는 것이야~! 덩치가 조금 더 커졌다고 사람까지 달라지면 안 되겠지? 절대로 잊지마~~~! **동생은** "294" 가 아니고, **여전히 '98**'이라는 사실을~~!

385−98×3= 385−294= **91**

② [동생과 차]가 서로 [곱의 관계]이면, [동생과 차] 중에서 작은 수가 **최대공약수**가 되고, [동생과 차]가 서로 같은 수이어도 **최대공약수가 돼!**

③ 약수와 배수의 관계를 쉽게 알지 못할 때에는, 형님은 쉬게 하고, 방금 구한 [동생과 차]의 결과만을 가지고, 최대공약수를 구할 때까지 몇 번이고 ①과 ②를 반복한다는 것 잊지 말고~! ^^

98−91= **7**에서, 91= **7**×13으로 91과 7은 서로 [곱의 관계]이고, 작은 수 7이 **최대공약수**이지.

따라서 $\dfrac{98 \div 7}{385 \div 7} = \dfrac{14}{55}$

호제법, 예제 3

$\dfrac{97}{154}$ 을 기약분수로 나타내어라!

(풀이)
① '형님−동생(또는 동생의 배수)= 차'의 결과에서,
　154−97= **57**
② [동생과 차]가 서로 [곱의 관계]이면, [동생과 차] 중에서 작은 수가 최대공약수가 되고, [동생과 차]가 서로 같은 수이어도 최대공약수가 돼.
③ 약수와 배수의 관계를 쉽게 알지 못할 때에는, 형님은 쉬게 하고, 방금 구한 [동생과 차]의 결과만을 가지고, 최대공약수를 구할 때까지 몇 번이고 ①과 ②를 반복한다는 것 잊지 말고~~. ^^

　　97−57= 40, 또 반복한다.
　　57−40= 17, 또 반복한다.
　　40−17= 23, 또 반복한다.

이 대목에서, '**17−23**= ?'은 빼는 수가 더 커서 약간 혼란스럽지 않니? 그러나, 우리는 항상 '큰 수가 형님, 작은 수가 동생'을 하기로 했고, 또 무슨 일이든지 '형님이 먼저, 동생은 나중'에 하기로 약속을 하지 않았니? 그러니까, 당황하지 말고~! 빼는 순서를 바꾸기만 하면 되겠네? 그렇지 않니? 그래서……

　23−17= **6**, 또 반복한다.
　17−6= **11**, 또 반복한다. 물론 빼는 순서도 바꾼다.

11-6= **5**, 또 반복한다.

6-5= **1**에서, 다음을 기억해 보자!

④ [차가 1]이 나온다면, 분모와 분자는 서로 소인수야~. 즉 더 이상 약분되지 않는 **기약분수**이지.

"아~~! 쌤!! 약분도 되지 않는 문제를 가지고 기약분수로 나타내라니……" ㅠ.ㅠ

"된~장! 망할 샘~~~!!!" ㅠ.ㅜ

Sorry! 오래 살다 보면 이보다 더 험한 일도 겪게 되는 법이란다. ^^*

호제법, 예제 4

두 수 81, 54의 최대공약수와 최소공배수를 구하여라!

(풀이)
① '형님 − 동생(또는 동생의 배수)= 차'의 결과에서,
   81 − 54 = **27**
② [동생과 차가 서로 [곱의 관계]이면, [동생과 차] 중에서 작은 수가 최대공약수가 되고, [동생과 차]가 서로 같은 수이어도 최대공약수가 돼.
54 = **27**×2이므로 작은 수 **27**이 최대공약수이다.

※ **최대공약수**를 구했다면 **최소공배수**는 아래와 같아!
[**최소공배수=큰 수÷최대공약수×작은 수**] ^^
위의 예제에서 두 수 **81, 54**와 최대공약수 **27**에서,
81÷27×54 = 3×54 = 162,
따라서 **최소공배수**는 **162**가 되겠지?
여기서 '큰 수÷최대공약수는 항상 나누어 떨어진다'는 사실을 알고 있는 어린이들은, 나눗셈을 좀 더 씩씩하고, 용감하게 할 수가 있겠지? 대충 보고 근사값을 찍으면 몫이 될 테니까 말이야~~! ^^

익숙해지도록, 몇 번만 연습하여 보자!

(문제) 아래의 나눗셈들은 모두, 항상 나누어 떨어지는 수이다. 몫을 구하여라!

① 117÷13=

② 136÷17=

③ 95÷19=

④ 203÷29=

⑤ 2312÷578=

흐^^ 흐^^ 흐^^, 쉽지! 답은 따로 적지 않을게~~

호제법, 예제 5

두 수 147, 924의 최대공약수와 최소공배수는?

(풀이)

① "**형님** − 동생(또는 동생의 배수)= 차"의 결과에서,

924 − 882 ₁₄₇ₓ₆= **42**, 반복한다.

이때, '882 − 42'가 아니고 '147 − 42'임에 주의해야만 해~~! 샘이 위에서 "덩치가 커졌다고 동생이라는 사실이 바뀌는 것은 아니다"라고 했지?

따라서, 1̶4̶7̶ − 42×3= **147** − 126= **21**에서,

42= **21**×2이므로 작은 수 21이 최대공약수이다.

※ 최대공약수를 구했다면 최소공배수는 아래와 같아!

[최소공배수= 큰 수÷최대공약수×작은 수] ^^

위 예제의 두 수 147, 924와 최대공약수 21에서,

924÷21×147= 44×147= 6468이므로, 최소공배수 는 **6468**이다.

*이때 **924÷21**은 무조건 나누어 떨어지는 수이다!

호제법, 예제 6

두 수 14490, 9135의 최대공약수와 최소공배수를 구하여라!

(풀이)

~~14490~~ – 9135 = **5355**, 반복한다.

~~9135~~ – 5355 = **3780**, 또 반복한다.

~~5355~~ – 3780 = **1575**, 또 반복한다.

~~3780~~ – 3150 ₁₅₇₅ₓ₂ = **630**, 또 반복한다.

~~1575~~ – 1260 ₆₃₀ₓ₂ = **315**에서,

630 = **315** × 2이므로 작은 수 315가 **최대공약수** 이지.

※ **최대공약수**를 구했다면 **최소공배수**는 아래와 같아!

[**최소공배수** = 큰 수 ÷ **최대공약수** × 작은 수] ^^

두 수 14490, 9135와 최대공약수 315에서,

14490 ÷ 315 × 9135 = 46 × 9135 = 420210이므로, **최소공배수**는 420210이다.

* 이때 14490 ÷ 315는 무조건 나누어 떨어지는 수 이다!

두 수는 서로 약수와 배수의 관계에 있기 때문이지. 이처럼 반드시 나누어 떨어지는 수가 있는 혼합연산에서는, 나눗셈을 먼저 해서 수를 작게 만든 후에 곱셈을 하는 것이 좋은 방법이야. 곱셈으로 큰 수를 만들어 놓은 후에, 어렵게 나눗셈을 하는 것은 한마디로 바보짓인 것이지.

그러나, 나누어 떨어질 것이라는 확신이 없는 혼합연산에서는, 곱셈을 먼저 하고 나눗셈을 하는 것이 안전한 방법이 된단다. 열심히 나누고 있다가 떨어지지 않는 수임을 알게 되었을 때의 실망감을 느끼고 싶지 않다면

말이야~!

그러나, 친구들 아직 모두 끝난 것이 아니란다~!

다음 장의 도전 과제를 모두 마쳤을 때, 비로소 너희들은 분수의 왕이 될 것이야!

"주제를 알면 국어를 잘하고,

분수를 알면 수학을 잘한다!"

Chapter 7

약분과 통분 끝장내기, Challenge도전 과제!

'오이와 상치(**5, 2, 3, 7**)'를 먼저 먹을까?
'호형호제(호제법)'를 먼저 할까?

*'오이와 상치'를 먼저 먹을까? '호형호제'를 먼저 할까?

(질문?)
"샘~! 오이와 상치(5, 2, 3, 7)를 먼저 먹는 것이 좋을까요, 호형호제(호제법)를 먼저 하는 것이 더 좋을까요?

(답!)
도전challenge 문제를 모두 풀고 나면, 스스로 알게 될 거야~~!!

분수의 약분과 통분을 잘하기 위한 두 가지 방법을 배웠는데, 기억하고 있니?

첫째는 '오이와 상치(5, 2, 3, 7)'를 먼저 먹고, 소수 (11, 13, 17, 19)로 약분과 통분이 되는지를 체크해 보는 방법이고……

둘째는 '호형호제법(호제법)'을 사용하여 큰 수를 작은 수로 바꾸어 가면서 최대공약수와 최소공배수를 찾는 방법이었지?

문제는,

① '오이상치법'이 더 좋을까?

② '호형호제법'이 더 좋을까?

③ 두 방법을 다 사용하는 것이 더 좋을까?

간단한 분수라면 한 가지 방법만으로도 충분하겠지만, 우리의 목표는 어려운 분수 문제를 정복하는 것이니까, 제대로 한 번 알아봐야 하지 않겠니?

엄선된 분수 문제들을 ①의 방법으로도 풀어 보고, ② 의 방법으로도 풀어 보면서 두 방법을 서로 비교해 본다면, 너희 스스로 어떤 때에는 ①의 방법을 사용하고, 어떤 때에는 ②의 방법을 사용하는 것이 더 나은지 감feel을 느낄 수가 있게 될 거야~~!

그래서 이 장에서는 샘이 엄선한 분수의 약분과 통분 문제를, 너희들 스스로 ①과 ②의 방법으로 모두 풀어본 다음에, 스스로 이 방법과 저 방법을 서로 비교해 보도록 꾸몄단다. 그리고 마지막으로 샘의 풀이를 참고한다면, 반드시(必) 감feel이 '팍팍' 솟구칠 것이라고 믿어~~!!

새로운 것을 몸에 익숙하게 하는 비법은, 그것이 무엇이든 간에…… 예를 들어 수영, 자전거 타기, 구구단 외우기 등등…… 100문제를 한 번 풀고 마는 것보다는, 50문제를 두 번 풀어 보는 것이 더 효과적이고, 50문제를 두 번 풀어 보는 것보다는, 20문제를 다섯 번 풀어 보는 것이 더욱 좋은 방법이라는 것을 명심하기를 바래!

그러니까 지금 샘이 강조하고 싶은 것이 무엇이냐 하면, 아래 문제들을 반드시 ①과 ②의 방법으로 모두 풀어 보기를 바란다는 것이야~~! ^^

샘이, 다시 한 번 강조한다~~!

반드시 ①과 ②의 방법으로 모두 풀어본 다음에, 다음 장의 풀이를 주의 깊게 읽어보고, 틀린 문제들은 몇 번이고 다시 풀어 보면서, 어느 방법이 더 좋은지를 비교해 본다면, 그때에야 비로소 너 만의 감feel이 생길 것이고,

'그때의 너는 이미 예전의 네가 아니라, 이미 약분과 통분의 달인이 되어 있을 것'이라는 거야~~!

샘이 약속한다~~!

샘을 믿고 도전challenge!!!

1. 최대공약수와 최소공배수

다음 문제의 최대공약수와 최소공배수를 구하여라.

(1)   )150, 175   (2)   )280, 440

(3)   )81, 297   (4)   )196, 294

(5)   )561, 935   (6)   )2470, 3458

2. 약분 문제

다음의 분수를 기약분수로 나타내어라.

(1) $\dfrac{150}{175} =$ (2) $\dfrac{280}{440} =$

(3) $\dfrac{81}{297} =$ (4) $\dfrac{196}{294} =$

(5) $\dfrac{561}{935} =$ (6) $\dfrac{2470}{3458} =$

* 어디선가 본 것 같지 않니? 눈치챘어도 다시 한 번 꼭 풀어 보기!

* 달인이 되는 비법! 엄선된 문제를 반복해서 풀어 본다~~!

3. 통분 문제

다음의 두 분수를 통분하여라.

(1) $\left(\dfrac{7}{150}, \dfrac{8}{175} \right)$ (2) $\left(\dfrac{13}{280}, \dfrac{17}{440} \right)$

(3) $\left(\dfrac{77}{81}, \dfrac{97}{297} \right)$ (4) $\left(\dfrac{75}{196}, \dfrac{55}{294} \right)$

(5) $\left(\dfrac{57}{561}, \dfrac{65}{935} \right)$ (6) $\left(\dfrac{255}{2470}, \dfrac{165}{3458} \right)$

* 어디선가 본 것 같지 않니? 눈치챘어도 다시 한 번 꼭 풀어 보기!
* 달인이 되는 비법! 정선된 문제를 반복해서 풀어 본다~~!

풀이와 정답

'오이와 상치,' '호형호제법'.

두 가지 비법을 모두 사용한 풀이이니,
반드시 먼저 스스로 문제를 다 푼 다음에,
어느 방법이 더 좋은지를 비교해 보시면
실력이 '쑥쑥' 올라갈 거예요!

1. 최대공약수와 최소공배수 풀이

(1)
[5, 2, 3, 7] 풀이

    5)150, 175
    5) 30, 35
        6, 7   최대공약수= 5×5= **25**

                최소공배수= 25×6×7= **1050**

[호제법] 풀이

175−150= **25**

150−25$_{×6}$= **0** 이므로,   최대공약수= **25**

                최소공배수= 175÷25×150= 7×150= **1050**

(2)
[5, 2, 3, 7] 풀이

```
10) 280, 440
 2)  28, 44
 2)  14, 22
      7, 11
```
최대공약수= 10×2×2= 40

최소공배수= 40×7×11= 3080

[호제법] 풀이

440−280= **160**

280−160= **120**

160−120= **40**

120−40×3= **0**이므로,

최대공약수= **40**

최소공배수= 440÷40×280= 11×280= **3080**

(3)
[5, 2, 3, 7] 풀이

$\underline{9)81, 297}$ 8+1= **9**, 2+9+7= **18**이므로 9의 배수

$\underline{3)9, 33}$ 9는 9, 3의 배수, 3+3= **6**도 3의 배수

    3, 11   최대공약수= 9×3= **27**

             최소공배수= 27×3×11= **891**

[호제법] 풀이

    297−243 $_{81×3}$= **54**

    81−54= **27**

    54−27= **27**이므로,

        최대공약수= **27**

        최소공배수= 297÷27×81= 11×81= **891**

(4)
[5, 2, 3, 7] 풀이

2) 196, 294
7) 98, 147   98−7×4= **70**, 147−7×1= **140** 7의 배수
7) 14, 21
    2, 3   최대공약수= 2×7×7= **98**
                     최소공배수= 98×2×3= **588**

[호제법] 풀이

294−196= **98**
196−98= **98**이므로,

최대공약수= **98**
최소공배수= 294÷98×196= 3×196= **588**

(5)
[5, 2, 3, 7] 풀이

)561, 935

  ① 5, 2, 3, 7의 배수 아님.

  ② 11의 배수인지 알아본다.

   561-11= 550, 935-11$_{\times 5}$= 880 이므로 11의 배수.

11)561, 935
 51, 85

  ③ 13의 배수 아님

  ④ 17의 배수인지 알아본다.

   51-17$_{\times 3}$= 0, 85-17$_{\times 5}$= 0 이므로 17의 배수.

17)51, 85
 3, 5

   따라서,   최대공약수= 11×17= **187**

         최소공배수= 187×3×5= **2805**

[호제법] 풀이

  935−561= 374

  561−374= 187

  374−187= 187이므로,

  최대공약수= 187

  최소공배수= 935÷187×561= 5×561= **2805**

(6)
[5, 2, 3, 7] 풀이

2)2470, 3458　　　① 5의 배수는 아니고 2의 배수임.
　1235, 1729　　　② 3, 7, 11의 배수 아님.
　　　　　　　　　③ 13의 배수인지 알아 본다.

　　　~~2470~~, 3458−13×6= **3380**

　　247+13= ~~260~~, 338−13×6= **260** 이므로 13의 배수이다.

13)1235, 1729
　　95, 133
　　　　　　　　　④ 17의 배수아님, 19의 배수인지 알아 본다.
　　　　　　　　　　95−19ₓ5= 0, 133−19ₓ7= 0 이므로 19의 배수.
19)95, 133
　　5, 7
　　　　　따라서, 최대공약수= 2×13×19= **494**

　　　　　　　　최소공배수= 494×5×7= **17290**

[호제법] 풀이

　　　3458−2470= **988**

　　　2470−988ₓ2= **494**

　　　988−494= **494** 이므로,

　　　최대공약수= **494**

　　　최소공배수= 3458÷494×2470= 7×2470= **17290**

2. 약분 문제 풀이

(1)
[5, 2, 3, 7] 풀이

$$\frac{150}{175} = \frac{30}{35} = \frac{6}{7}$$

[호제법] 풀이

175-150= **25**, 150-25$_{×6}$= **0**

따라서, 최대공약수= **25**

$$\frac{150 \div 25}{175 \div 25} = \frac{6}{7}$$

(2)
[5, 2, 3, 7] 풀이

분모, 분자의 '0'을 지우고 나서, 위아래를 살짝 째려보면 '4'로 약분되는 것을 알 수 있지? 이럴 때 고민하면 바보~~! ^^

$$\frac{280}{440} = \frac{28}{44} = \frac{7}{11}$$

[호제법] 풀이

440-280= **160**, 280-160= **120**, 160-120= **40**,

120-40$_{×3}$= **0**

따라서, 최대공약수= **40**

$$\frac{280 \div 40}{440 \div 40} = \frac{7}{11}$$

(3)
[5, 2, 3, 7] 풀이

5, 2로 약분이 안 된다는 것은 살짝 째려보면 아니까, 3으로 약분한다. 다시 3으로 약분이 되는지 확인한다.

$$\frac{81}{297} = \frac{27}{99} = \frac{9}{33} = \frac{3}{11}$$

[호제법] 풀이

297-243$_{81\times3}$= **54**, 81-54= **27**, 54-27= **27**

따라서, 최대공약수= **27**

$$\frac{81 \div 27}{297 \div 27} = \frac{3}{11}$$

(4)
[5, 2, 3, 7] 풀이

분모, 분자가 짝수이므로 2로 약분하고, 9+8=17이므로 3으로는 약분이 안 됨. 따라서 일단 7로 약분을 한다. 7로 약분이 또 되는지 확인한다.

$$\frac{196 \div 2}{294 \div 2} = \frac{98 \div 7}{147 \div 7} = \frac{14}{21} = \frac{2}{3}$$

[호제법] 풀이

294-196= **98**, 196-98= **98**

따라서, 최대공약수= **98**

$$\frac{196 \div 98}{294 \div 98} = \frac{2}{3}$$

(5)
[5, 2, 3, 7] 풀이

5, 2, 3, 7로 약분이 되는지 알아본다. 안 되면……

11로 약분이 되는지 알아본다. 된다! 아싸~ 따봉!! 11로 한 번 더 약분이 되는지 알아본다. 안 되면……

13으로 약분이 되는지 알아본다. 안 되면……

17로 약분이 되는지 알아본다. 된다! 아싸~ 따봉!!

$$\frac{561}{935} = \frac{561 \div 11}{935 \div 11} = \frac{51}{85} = \frac{51 \div 17}{85 \div 17} = \frac{3}{5}$$

[호제법] 풀이

935-561= **374**, 561-374= **187**, 374-187= **187**

따라서, 최대공약수= **187**

$$\frac{561 \div 187}{935 \div 187} = \frac{3}{5}$$

(6)
[5, 2, 3, 7] 풀이

　　5는 약분이 안되고, 2로 먼저 약분한다.

　　3, 7, 11로 약분이 되는지 알아본다. 안 되면……

13으로 약분이 되는지 알아본다. 아싸~ 따봉!! 한 번 더 약분이 되는지 알아보고……

　　17로 약분이 되는지 알아본다. 안 되면……

　　19로 약분이 되는지 알아본다. 된다! 아싸~ 따봉!!

$$\frac{2470}{3458} = \frac{2470 \div 2}{3458 \div 2} = \frac{1235}{1729} = \frac{1235 \div 13}{1729 \div 13} = \frac{95}{133}$$

$$\frac{95 \div 19}{133 \div 19} = \frac{5}{7}$$

[호제법] 풀이

　　3458-2470= **988**, 2470-1976₉₈₈ₓ₂= **494**,

　　988-494= 494, 따라서 최대공약수= **494**

$$\frac{2470 \div 494}{3458 \div 494} = \frac{5}{7}$$

3. 통분 문제 풀이

이제 오이상치(5, 2, 3, 7)는 친구들이 충분히 잘 할 것이라고 보고, 아래부터는 호제법만으로 풀이를 했단다.

(1) $\left(\dfrac{7}{150}, \dfrac{8}{175}\right)$

[호제법] 풀이

175-150= 25, 150-25₍ₓ₆₎= **0**,

따라서 최대공약수= **25**

최소공배수= 175÷25×150= **7**×150= **1050**

$\left(\dfrac{7 \times 7}{150 \times 7}, \dfrac{8 \times 6}{175 \times 6}\right) = \left(\dfrac{49}{1050}, \dfrac{48}{1050}\right)$

(2) $\left(\dfrac{13}{280}, \dfrac{17}{440}\right)$

[호제법] 풀이

440-280= **160**, 280-160= **120**, 160-120= **40**,

120-40₍ₓ₃₎= 0,

따라서 최대공약수= **40**

최소공배수= 440÷40×280= **11**×280= **3080**

$\left(\dfrac{13 \times 11}{280 \times 11}, \dfrac{17 \times 7}{440 \times 7}\right) = \left(\dfrac{143}{3080}, \dfrac{119}{3080}\right)$

(3) $\left(\dfrac{71}{81}, \dfrac{91}{297}\right)$

[호제법] 풀이

$297-243_{81\times 3}=$ **54**, $81-54=$ **27**, $54-27=$ **27**,

따라서, 최대공약수= **27**

최소공배수= $297\div 27\times 81=$ **11**$\times 81=$ **891**

$\left(\dfrac{77\times 11}{81\times 11}, \dfrac{91\times 3}{297\times 3}\right)=\left(\dfrac{847}{891}, \dfrac{273}{891}\right)$

(4) $\left(\dfrac{75}{196}, \dfrac{55}{294}\right)$

[호제법] 풀이

$294-196=$ **98**

$196-98=$ **98**이므로,

최대공약수= **98**

최소공배수= $294\div 98\times 196=$ **3**$\times 196=$ **588**

$\left(\dfrac{75\times 3}{196\times 3}, \dfrac{55\times 2}{294\times 2}\right)=\left(\dfrac{255}{588}, \dfrac{110}{588}\right)$

(5) $\left(\dfrac{57}{561}, \dfrac{65}{635}\right)$

[호제법] 풀이

$935-561=$ **374**, $561-374=$ **187**

$374-187=$ **187**이므로,

최대공약수= **187**

최소공배수= $935 \div 187 \times 561 =$ **5**$\times 561=$ **2805**

$\left(\dfrac{57 \times 5}{561 \times 5}, \dfrac{65 \times 3}{935 \times 3}\right) = \left(\dfrac{285}{2805}, \dfrac{195}{2805}\right)$

(6) $\left(\dfrac{255}{2470}, \dfrac{165}{3458}\right)$

[호제법] 풀이

$3458-2470=$ **988**, $2470-1976_{988 \times 2}=$ **494**

$988-494=$ **494**이므로,

최대공약수= **494**

최소공배수= $3458 \div 494 \times 2470 = 7 \times 2470 =$ **17290**

$\left(\dfrac{255 \times 7}{2470 \times 7}, \dfrac{165 \times 5}{3458 \times 5}\right) = \left(\dfrac{1785}{17290}, \dfrac{825}{17290}\right)$

*샘의 마지막 당부

이 책은 수학 교과서가 아니다. 그렇다고 수학 참고서도 아니다.

덧셈, 뺄셈, 곱셈, 나눗셈은 물론 간단한 분수셈도 척척 풀어내는 어린이들이 유독 어려워하는 큰 분수들의 약분과 통분, 나아가서 최대공약수와 최소공배수를 쉽게 설명하기 위한, 셈 고수(高手)의 진심 어린 조언advice이다.

이 책에서 익힌 원리를 바탕으로, 스스로 끊임없이 교과서와 참고서의 분수 문제를 탐구하길 바란다!

***토막 상식**

약분이 항상 좋은 것만은 아니란다!

만일 월드컵 축구 예선전이 열리는 날, 같은 시간에 공교롭게도 피겨 여왕 김연아 선수의 금메달 경기가 열렸다고 생각을 해봐~! K 방송사는 월드컵 예선전을 생방송을 했고, M 방송사는 김연아 선수의 경기를 생방송을 했지……

K 방송사의 시청자 수는 7,078,887명이고, M 방송사의 시청자 수는 7,865,430명이라면, 어느 방송사가 어느 정도의 비율로 시청자 경쟁에서 이겼는지를 한눈에 알아보기는 어렵지 않겠니? 이럴 때에 약분을 할 줄 안다면 9:10의 비율로 이기고 진 것을 한눈에 알 수가 있으니까 무척 편리하겠지?

그러나, 단점도 있어…… 9:10 또는 $\frac{9}{10}$ 만으로는 정확한 시청자의 수를 알 수는 없거든……

따라서 모든 분수를 반드시 약분해야 하는 것은 아니란다. '전체에서 부분이 차지하는 비율을 편리 하게 알아보기 위해서 약분을 한다!'는 사실을 잊지 않길 바래~~! 안~녕~~!!